COMMODITIES

Como ter sucesso vendendo

RODRIGO FERREIRA

Sobre o autor

Sou Coach de Pontos Fortes certificado pela Gallup em Omaha, EUA, além de um dos 10 mais bem avaliados formadores de coaches dessa metodologia NO MUNDO. Possuo ainda mais duas certificações em coaching, uma em mentoring, formação em Life Coaching e sou pós-graduado em Psicologia, Gestão Estratégica de Pessoas, Liderança e Coaching, além de ter vários artigos científicos publicados e premiados sobre Liderança.

Meus principais talentos são a Intelecção, a Significância, o Estudioso, o Input e o Relacionamento.

Atuo como professor, coach, formador de coaches, treinador e palestrante para vendedores, gestores, líderes e microempresários há 25 anos, usando como base meus quase 30 anos de experiência em vendas e gestão de equipes.

Atualmente sou âncora do Podcast Talentos para o Sucesso, maior podcast sobre talentos, em língua portuguesa, no mundo.

Já desenvolvi mais de 22.000 pessoas em centenas de empresas como Amil, Anhanguera, AOC, Banco do Brasil, Basf, Bayer, BP, Pirelli, Chilli Beans, DuPont, Eaton, EMS, Fleury, Honda, Hunter Douglas, Hypera Pharma, IBM, Ipsos, Louis Dreyfus, Mary Kay, Medley, Nestlé, Pão de Açúcar, Red Hat, Saint Gobain, Sanofi, Totvs, entre tantas outras, tendo mais 98% de média de aprovação em seus projetos, com altíssimo índice de recompra, resultados excelentes e sendo reconhecido pela didática e paixão com as quais ensino.

Índice

Capítulo 1

INTRODUÇÃO

O livro "**COMMODITIES: COMO TER SUCESSO VENDENDO**" é uma obra para aqueles que buscam aprimorar suas habilidades de vendas e aumentar sua eficiência na venda de commodities. A venda de commodities é um setor dinâmico e desafiador que requer técnicas e estratégias específicas para alcançar sucesso. Com mais de 25 anos de experiência treinando vendedores em algumas das maiores multinacionais do mundo, eu tenho visto a necessidade e o interesse por um livro que aborde esse assunto de forma completa e detalhada.

Durante todos esses anos, o tema de vendas de commodities sempre foi uma solicitação constante dos participantes de meus treinamentos. Muitos vendedores enfrentam dificuldades para entender as nuances desse setor e como aplicar as melhores técnicas para alcançar sucesso. Por isso, decidi escrever esse livro, para compartilhar minha experiência e conhecimento com aqueles que buscam aprimorar suas habilidades de vendas de commodities.

Neste livro, você encontrará informações práticas e teóricas sobre o mercado de commodities, técnicas de negociação eficazes, e estratégias para construir relacionamentos duradouros com clientes. A ideia deste material é ser mais algo parecido com um guia do que um livro, portanto, você perceberá que os assuntos são diretos, sem enrolação e aplicáveis. Você pode escolher ler o livro inteiro de uma vez e depois por tudo em prática, mas o conteúdo foi construído para que você leia cada sessão e já aplique e colha resultados.

Aqui também, você terá acesso a dados e estatísticas relevantes, bem como exemplos reais de vendas bem-sucedidas. Se você é um vendedor de commodities ou busca se aprimorar nesse setor, esse livro é a leitura ideal para você.

É claro que não pretendo esgotar o assunto, mas sim proporcionar uma visão ampla sobre o tema de modo que o leitor possa colocar os conteúdos aqui apresentados em prática imediatamente e começar a colher frutos dessa aplicação. Contudo, sempre vale a pena aprofundar esse conteúdo através de treinamentos e coaching específicos.

Você pode ter informações sobre esses treinamentos, palestras e coaching através do endereço www.pontosfortes.com.br

Definição de Commodity

Commodity é um termo utilizado para descrever bens que são produzidos e vendidos em grandes quantidades, com características similares e padronizadas. Eles são amplamente utilizados na produção de outros bens e geralmente são negociados em mercados de commodities. De acordo com a Organização das Nações Unidas para o Comércio e o Desenvolvimento (UNCTAD):

> "As commodities são produtos agrícolas, minerais, metais e energia vendidos em mercados globais para fins de produção e consumo".

Além disso, as commodities são frequentemente utilizadas como uma forma de investimento, pois são consideradas ativos financeiros que podem ser negociados e avaliados. A Agência Internacional de Energia (IEA) define as commodities como:

> "Produtos básicos, geralmente produzidos em grandes quantidades, que são amplamente utilizados na produção de outros bens e serviços".

O termo commodity é amplamente utilizado em vários setores, incluindo o setor agrícola, mineração, produção de energia e indústria. Alguns exemplos comuns de commodities incluem café, petróleo, aço, ouro e gás natural. Ao compreender a definição de commodity, os vendedores podem ter uma base sólida para vendê-los de forma mais eficaz.

Mas isso apenas não basta. É necessário, também, que se entenda as particularidades do mercado de commodities e como isso pode impactar sua venda.

Compreendendo o Mercado de Commodities

O mercado de commodities é um dos mais distintos e complexos do mundo. A natureza uniforme e intercambiável dos itens vendidos torna a venda de commodities uma tarefa difícil e desafiadora para os vendedores. Ao contrário de outros setores, onde os produtos são diferenciados e têm características únicas, as commodities são muito semelhantes entre si e não possuem diferenciação significativa. Como resultado, a competição é intensa e os vendedores precisam encontrar maneiras de se destacar e criar valor para seus clientes.

Além da falta de diferenciação, o mercado de commoditles é altamente volátil e sujeito a flutuações constantes nos preços. Estas mudanças rápidas podem afetar a capacidade de um vendedor de fechar negócios rentáveis, tornando a venda de commodities ainda mais desafiadora.

Outro desafio é a sazonalidade das commodities. Muitos produtos só são vendidos em épocas específicas do ano, o que pode limitar a capacidade de um vendedor de fazer vendas consistentes durante todo o ano. Além disso, a sazonalidade pode levar a flutuações no preço e na disponibilidade, tornando a venda de commodities ainda mais desafiadora.

Com tudo isso fica claro que vender commodities é diferente e desafiador devido à sua natureza uniforme, à sua alta volatilidade, e à sua sazonalidade. Vendedores precisam encontrar maneiras de se destacar e criar valor para seus clientes em um ambiente altamente competitivo e incerto.

Mas será que você vende commodity? E se seu produto não é uma commodity, esse conteúdo não serve para você?

Comoditização Acelerada

O termo "comoditização acelerada" se refere à tendência de cada vez mais produtos e serviços se tornarem commodity, ou seja, serem percebidos como produtos genéricos e intercambiáveis pelo mercado. Essa tendência tem suas origens no aumento da tecnologia e globalização, que permitem a produção em massa e a difusão de bens e serviços a preços mais acessíveis.

A comoditização acelerada tem implicações significativas para os vendedores, especialmente aqueles que trabalham com commodities. Com a comoditização, a diferenciação entre os produtos torna-se cada vez mais difícil, o que torna a venda desses produtos mais desafiadora. Além disso, a comoditização pode levar a uma queda nos preços e a uma disputa cada vez mais acirrada pelo mercado.

No entanto, é importante destacar que, apesar de a comoditização acelerada ser um desafio para os vendedores, ela também oferece oportunidades. A comoditização acelerada torna o acesso a produtos e serviços mais fácil e acessível para o consumidor, o que pode aumentar a demanda e, consequentemente, as oportunidades de venda.

Um exemplo real de comoditização acelerada é o setor de telefonia celular. Há algumas décadas, os telefones celulares eram considerados itens de luxo e tinham preços elevados. No entanto, com o aumento da tecnologia e a popularização destes dispositivos, eles rapidamente se tornaram comoditizados, com preços cada vez mais acessíveis. Hoje, é possível encontrar telefones celulares de alta qualidade a preços bastante acessíveis, o que mostra como a comoditização acelerada pode afetar até mesmo setores altamente tecnológicos.

A comoditização acelerada é uma tendência importante que impacta o mercado de commodities e os desafios enfrentados pelos vendedores. Embora seja desafiadora, ela também oferece oportunidades e é importante que os vendedores compreendam suas implicações e se adaptem a essa realidade.

Uma das implicações mais importantes para os vendedores é entender que é sua responsabilidade desenvolver-se em técnicas de vendas para potencializar seus resultados.

Vender qualquer coisa demanda entender que venda é técnica e não arte

A venda é frequentemente vista como uma arte, mas na verdade é uma técnica que pode ser aprendida e desenvolvida. Não pretendo desmerecer aqui o lado "arte" das vendas. É claro que algumas pessoas parecem nascer com esse "programa" instalado em seu hardware, ou seja, já nascem "artistas das vendas", mas nem todos são assim (Na verdade, a minoria é assim. Acredite!). É importante, então, que os vendedores compreendam isso, especialmente em um mundo cada vez mais globalizado e tecnológico, onde a comoditização acelerada transforma tudo em commodity rapidamente. Aprender técnicas de vendas é fundamental para se destacar e ter sucesso no mercado.

Os bons treinamentos e o coaching são cruciais para a aquisição destas técnicas, pois ajudam a desenvolver habilidades de negociação, comunicação e solução de problemas. De acordo com pesquisas da Harvard Business Review, vendedores bem treinados são capazes de aumentar em até 15% suas vendas. Além disso, dados da Forrester Research mostram que empresas com programas de treinamento eficazes para seus vendedores têm 50% mais chances de ter sucesso em vendas.

15%
Aumento em vendas

50%
Mais chance de sucesso

Portanto, é importante abandonar a ideia de que venda é uma arte e enfatizar a importância de desenvolver técnicas de vendas. Treinamentos e coaching são a chave para alcançar sucesso nesse mercado cada vez mais competitivo.

Desenvolva-se ou morra

Neste mundo atual, o desenvolvimento profissional é uma questão crucial para o sucesso do vendedor. Não se pode mais depender apenas do "jeito de vender" e é necessário adquirir conhecimentos e habilidades para se destacar no mercado. O vendedor precisa entender que a venda é uma técnica e não uma arte, e que precisa se esforçar para se desenvolver constantemente. Aqueles que não investem em seu desenvolvimento correm o risco de ficarem para trás e, eventualmente, perderem sua relevância no mercado.

Pare por um minuto e pense: "Quanto você investiu em treinamentos, livros, cursos sobre vendas nesse ano?". Quanto realmente saiu do seu bolso neste ano para que você se torne um vendedor melhor?

Agora pense que, o valor que o mercado te dá não pode ser maior que o valor que você mesmo se dá. Se você não está atingindo suas metas, então, será que isso não tem relação com o quão pouco você tem investido em você mesmo? Será que não tem relação com o valor que você mesmo adquiriu como vendedor e como profissional nesse ano?

O que quero dizer é que, se você não se valoriza, por que o cliente deveria te valorizar? Se você quer pagar suas contas, trocar de carro, levar dinheiro para casa, você não acha justo que você também invista em si mesmo?

Há várias formas de se desenvolver como vendedor, desde treinamentos e coaching, até a leitura de livros e revistas ou a pesquisa na internet. É importante encontrar o que melhor se adequa ao seu estilo e se dedicar a isso. Treinamentos presenciais e online, por exemplo, podem oferecer uma imersão profunda na área e ensinar novas técnicas e estratégias. Já a leitura de livros e artigos especializados pode oferecer uma visão ampla e atualizada do mercado.

Além disso, o coaching é uma excelente opção para aqueles que desejam se desenvolver mais rapidamente. Com um coach, é possível trabalhar questões específicas e receber feedback personalizado sobre suas habilidades e pontos de melhoria. Seja qual for o caminho escolhido, o importante é que o vendedor se dedique e invista em seu próprio desenvolvimento, pois isso será fundamental para o seu sucesso e evolução profissional.

Estar lendo este livro já é um excelente começo para esse seu processo de desenvolvimento. O que abordaremos aqui são técnicas que podem potencializar seus resultados.

Se realmente não houver diferença, a qualidade da venda pode fazer a diferença

É importante destacar que, em um mercado altamente comoditizado, onde muitos produtos são praticamente idênticos, a qualidade da venda se torna o diferencial. Se todos os produtos oferecem as mesmas características, o cliente escolherá aquele com o qual ele tiver uma boa interação e experiência de compra.

Nesses casos, a habilidade de venda do profissional se torna decisiva. Se o vendedor souber se conectar com o cliente, apresentar o produto de forma clara e objetiva, e esclarecer todas as dúvidas e incertezas do comprador, ele terá grandes chances de fechar o negócio.

Logo, mais um argumento sobre a importância de que o vendedor invista em seu próprio desenvolvimento, aprendendo novas técnicas e se adaptando às mudanças do mercado. Apenas assim ele será capaz de destacar-se entre seus concorrentes e garantir sucesso em suas vendas.

Estude muito

Oferecer uma venda que seja um diferencial e ser um vendedor bem-sucedido requer conhecimento não só sobre o produto que está sendo vendido, mas também sobre a oferta, demanda, mercado, concorrentes e clientes. Conhecer esses aspectos é fundamental para que o vendedor possa oferecer o produto certo para a pessoa certa, no momento certo.

Oferta

O vendedor deve ter conhecimento sobre o que ele está vendendo, incluindo suas características, vantagens e desvantagens. Além disso, ele deve entender a posição do produto no mercado, como ele se diferencia dos outros e como ele pode ser melhorado.

Também é importante que o vendedor saiba responder à pergunta: "e por que eu deveria comprar de você e não do seu concorrente?". Todos os clientes, conscientemente ou não, terão essa pergunta em suas cabeças.

Para aprofundar o conhecimento, o vendedor pode participar de treinamentos, cursos ou palestras oferecidas pela empresa, ler materiais técnicos ou artigos de especialistas, ou experimentar o produto ou serviço.

Produto

O vendedor deve conhecer a fundo o produto que está vendendo. Isso inclui suas especificações técnicas, aplicações, limitações e como ele pode ser utilizado para resolver problemas do cliente. Além disso, o vendedor deve ser capaz de responder a perguntas do cliente e apresentar as vantagens do produto de forma clara e convincente.

Para se desenvolver nesse aspecto, o vendedor pode fazer pesquisas, conversar com colegas e especialistas, participar de feiras e eventos de setor, e manter-se atualizado com as últimas notícias e tendências.

Quando o assunto é o produto que o vendedor representa, é fundamental que ele conheça a fundo as características técnicas e suas aplicações. No entanto, o foco principal deve ser entender os benefícios que o produto oferece para o cliente, e não apenas suas especificações. É importante que o vendedor saiba como seu produto pode resolver problemas e atender às necessidades dos clientes, além de saber como destacar seus diferenciais em relação aos concorrentes. Ao se aprofundar neste conhecimento, o vendedor pode apresentar soluções criativas e oferecer um atendimento personalizado e eficiente.

É muito comum em meus treinamentos, eu perceber que os vendedores não conseguem pensar com a cabeça do cliente. Quando falo aqui em conhecer os benefícios e diferenciais do produto, pode parecer algo simples e corriqueiro, mas posso afirmar que a maior parte dos vendedores responde à essas perguntas com a cabeça de vendedor e não pensando realmente no que é importante para "o cliente".

Certa vez passei uma semana treinando todos os vendedores de uma grande empresa do Rio Grande do Sul e, em todos os dias, perguntei para eles quais os verdadeiros benefícios e diferenciais dos produtos deles para seus clientes e tudo o que recebi como resposta forma muitos clichês e subjetividades.

Apenas no último dia alguém conseguiu me dar, realmente, um diferencial dos produtos deles que realmente beneficiava o cliente.

Mercado

O vendedor deve estar ciente das tendências do mercado, dos concorrentes, e das tendências gerais de vendas. Isso inclui estar atento às mudanças no mercado e saber como seu produto se encaixa nesses novos cenários.

Para aprofundar seu conhecimento, o vendedor pode estudar dados de mercado, participar de pesquisas, monitorar as notícias econômicas e setoriais, e conversar com especialistas e outros profissionais.

Concorrentes

Dentro do Mercado, um dos atores mais importantes são os concorrentes. O vendedor deve conhecer seus concorrentes e entender como seu produto se diferencia dos outros. Além disso, ele deve estar ciente das estratégias de vendas e promoções dos concorrentes e ser capaz de apresentar o porquê de seu produto ser a escolha superior.

Obviamente, também deve estar ciente das características, benefícios e diferenciais nos quais os concorrentes são melhores do que nós e, para cada um desses, deve ter uma estratégia de abordagem.

Não adianta fechar os olhos para isso. Alguns vendedores vestem tanto a camisa de sua empresa, que se tornam cegos para os aspectos onde nossos concorrentes são realmente melhores, e isso acaba fazendo com que percam vendas.

Tudo bem se um concorrente seu entrega mais rápido do que você, desde que você consiga um desconto maior que ele, por exemplo. Ou se você tem mais credibilidade e transmite mais segurança para o cliente. Use o que você tem de bom para reduzir o impacto do que seus concorrentes têm de melhor do que você.

Para aprofundar seu conhecimento, o vendedor pode pesquisar informações sobre os concorrentes na internet, conversar com colegas, e acompanhar as notícias e tendências do setor.

Demanda

Se na oferta temos que conhecer, pelo menos, o produto, o mercado e os concorrentes, a demanda também deve receber uma atenção do vendedor que deve entender a demanda do mercado, incluindo as necessidades e desejos dos clientes. Além disso, ele deve estar ciente dos ciclos sazonais de vendas e como seu produto se encaixa nessas tendências.

Para aprofundar seu conhecimento, o vendedor pode realizar pesquisas de mercado, conversar com os clientes, participar de feiras e eventos, e manter-se atualizado com as tendências.

Clientes

Você deve conhecer seus clientes, incluindo suas necessidades, desejos, hábitos de compra e preocupações. Além disso, o vendedor deve ser capaz de identificar o momento certo para fazer a venda e apresentar o produto de forma clara e atraente para o cliente.

O vendedor pode aprofundar seus conhecimentos sobre o cliente de diversas maneiras. Uma das formas mais simples é através de pesquisas de mercado e de perfil do cliente. Ele pode coletar informações sobre as preferências, hábitos e necessidades dos clientes atuais e potenciais. Além disso, o vendedor pode aproveitar as redes sociais e sites de opiniões para entender o que os clientes estão dizendo sobre seus produtos e sua concorrência. Outra maneira é através de entrevistas com clientes, ouvindo suas dúvidas, sugestões e críticas. Assim, o vendedor pode entender as reais necessidades dos clientes e melhorar sua estratégia de vendas para atendê-los da melhor forma possível.

Conhecer os perfis de clientes é fundamental para o sucesso de uma venda, pois permite ao vendedor entender as necessidades e expectativas de cada um deles, o que aumenta suas chances de sucesso. Quando o vendedor tem conhecimento sobre o perfil do cliente, ele pode personalizar sua abordagem de vendas, destacando os aspectos mais relevantes para aquele cliente e aumentando as chances de fechamento do negócio. Além disso, conhecer os perfis de clientes ajuda o vendedor a identificar oportunidades de cross-selling e up-selling, maximizando ainda mais o potencial de vendas. Portanto, conhecer os perfis de clientes é uma estratégia importante para aprimorar as habilidades de vendas e aumentar os resultados da equipe.

"Cross-selling é uma estratégia de vendas em que um vendedor sugere produtos ou serviços adicionais que complementam a compra inicial do cliente. O objetivo é aumentar o valor da transação, oferecendo itens relacionados que atendam às necessidades ou interesses do cliente. Essa prática não apenas impulsiona as receitas, mas também aprimora a experiência do cliente, proporcionando soluções mais abrangentes."

Referência: Anderson, J. C., & Srinivasan, S. (2003). E-satisfaction and e-loyalty: A contingency framework. Psychology & Marketing, 20(2), 123-138.

Conhecer os perfis dos clientes é, então, uma prática fundamental para vendedores que desejam oferecer soluções personalizadas e construir relacionamentos duradouros. Aqui estão alguns exemplos práticos de informações que os vendedores devem buscar para traçar um perfil abrangente de seus clientes:

Up-selling é uma estratégia de vendas em que um vendedor incentiva o cliente a adquirir um produto ou serviço de maior valor ou com recursos adicionais em comparação com a opção inicialmente considerada. O foco está em oferecer upgrades ou opções premium que agreguem mais valor ao cliente. Essa abordagem visa não apenas aumentar o valor da transação, mas também aprimorar a satisfação do cliente, fornecendo opções que melhor atendam às suas necessidades e desejos.

Referência: Homburg, C., & Müller, M. (2018). The downsides of upselling: How inducing customers to spend more can harm their subsequent satisfaction. Journal of Marketing, 82(3), 68-86.

Dados Demográficos:

- Idade, gênero e localização geográfica.
- Estado civil e estrutura familiar.
- Profissão e nível de escolaridade.

Comportamento de Compra:

- Histórico de compras anteriores.
- Preferências de pagamento (à vista, parcelado etc.).
- Fatores que influenciam as decisões de compra.

Interesses e Hobbies:

- Passatempos e atividades preferidas.
- Marcas, produtos ou serviços que o cliente valoriza.
- Eventos ou comunidades aos quais estão associados.

Desafios e Necessidades:

- Problemas específicos que estão enfrentando.
- Necessidades não atendidas ou expectativas não alcançadas.
- Objetivos pessoais e profissionais.

Comunicação Preferencial:

- Canais de comunicação preferidos (e-mail, telefone, redes sociais).
- Frequência e horários ideais para contatos.

Feedback e Experiências Anteriores:

- Opiniões sobre produtos ou serviços anteriores.
- Sugestões e críticas construtivas.
- Experiências positivas ou negativas com a marca.

Ao compilar essas informações, os vendedores podem criar personas de clientes detalhadas, permitindo uma abordagem mais personalizada. Por exemplo, se um vendedor descobre que um cliente valoriza a sustentabilidade, ele pode destacar os aspectos ecológicos dos produtos durante as interações. Essa abordagem centrada no cliente não apenas melhora as taxas de conversão, mas também fortalece a lealdade e a satisfação do cliente a longo prazo.

A metodologia CliftonStrengths® permite que o vendedor adicione informações relevantes aos perfis de clientes, identificando-os de uma forma mais precisa e eficaz. Ela divide os comportamentos humanos em quatro domínios distintos, cada um com seus próprios valores, crenças e comportamentos comuns. Conhecer esses domínios e como identificar pessoas em cada um deles pode ajudar o vendedor a adaptar sua abordagem de vendas e a se conectar com seus clientes de uma maneira mais profunda.

Os 4 domínios do CliftonStrengths® são categorias que descrevem diferentes tipos de personalidades e comportamentos. Essas categorias são: Execução, Pensamento Estratégico, Influência e Construção de Relacionamento.

Execução: O comportamento dessas pessoas responde à pergunta "Como você faz as coisas acontecerem?" Eles gostam de transformar ideias em realidade. Quando precisam implementar uma solução, as equipes procuram pessoas de Execução que trabalharão incansavelmente para atingir a meta.

Influência: Esses perfis respondem à pergunta "Como você influencia outras pessoas?" Eles podem ajudá-lo a assumir responsabilidades, falar e ter certeza de que os outros sejam ouvidos. Quando precisam vender suas ideias, as equipes recorrem a pessoas com temas Influência para convencer outras pessoas.

Construção de Relacionamentos: Já esses perfis respondem à pergunta "Como você constrói e nutre relacionamentos fortes?" Eles podem ajudá-lo a manter uma equipe unida. Quando precisam ser maiores que a soma de suas partes, as equipes recorrem a pessoas com temas Construção de relacionamento para fortalecer seus laços.

Pensamento Estratégico: Já o comportamento dessas pessoas responde à pergunta "Como você absorve, pensa, e analisa informações e situações?" Eles podem ajudá-lo a tomar melhores decisões e criar melhores resultados. Quando precisam se concentrar no que poderia ocorrer, as equipes recorrem a pessoas com temas Pensamento estratégico para ampliar o pensamento da equipe para o futuro.

O vendedor pode identificar pessoas de cada domínio através de perguntas abertas e ouvindo atentamente as respostas. É importante lembrar que as pessoas tendem a ter mais de um domínio, mas geralmente há um ou dois que são mais dominantes. Ao conhecer os domínios do CliftonStrengths®, o vendedor pode ajustar sua abordagem de acordo com as personalidades dos clientes e aumentar as chances de fechar uma venda.

Não é de o escopo deste livro abordar detalhadamente este tema, contudo é importante ressaltar dois aspectos aqui:

1. Lembre-se que pessoas são diferentes e que seus comportamentos demonstram sua forma de pensar. Baseie-se no fato de que, podemos classificar todas as pessoas em pequenos grupos e passe a prestar atenção aos comportamentos dos clientes. Você não precisar dar um nome para os perfis dos clientes. Tampouco você precisa classificá-los em apenas quatro grupos, mas é importante que você adapte o seu comportamento ao jeito natural de ser de cada um de seus clientes.

2. Vale muito apena aprofundar o entendimento desses quatro grupos de perfis de pessoas apontados aqui, lendo o livro "Descubra seus Pontos Fortes 2.0" de Don Clifton e Tom Rath.

Tendo entendido tudo isso, é importante destacar que o conhecimento sobre os diferentes perfis de clientes é fundamental para que o vendedor possa se desenvolver e atingir seus objetivos de forma eficiente. Investir em seu próprio desenvolvimento e conhecimento é essencial para alcançar sucesso profissional e atender as necessidades dos seus clientes de maneira satisfatória, já que esse é o caminho mais eficaz para conseguir fugir da venda focada em preço, tão comum no mercado de commodities.

Só um idiota compra a mesma coisa e paga mais caro

Há muito tempo venho pregando que "Só um idiota compra a mesma coisa e paga mais caro" e posso afirmar que isso é uma verdade universal no mundo dos negócios. Não há motivo algum para alguém gastar mais dinheiro na compra de um produto ou serviço se ele é igual ao de outra empresa, mas cobrado a um preço maior. É importante para os vendedores entenderem que seus clientes são conscientes e buscam o melhor custo-benefício.

Um estudo realizado pela Accenture em 2018 apontou que aproximadamente 70% dos consumidores estão dispostos a mudar de marca ou de fornecedor para obter um preço mais baixo. Isso significa que eles estão dispostos a abandonar a relação com sua marca atual se encontrarem uma oferta mais atrativa em outro lugar. Além disso, outro estudo da Nielsen descobriu que 55% dos consumidores estão dispostos a pagar mais por marcas que ofereçam uma boa experiência de compra.

Por isso, é importante para os vendedores entenderem que a concorrência está cada vez mais acirrada e que eles precisam oferecer algo diferenciado para os seus clientes. Sejam prazos de entrega mais curtos, garantias mais longas, serviços personalizados ou outras soluções, é importante que os vendedores encontrem maneiras de se destacarem no mercado e oferecerem valor para seus clientes. Assim, eles terão menos chances de perder clientes para a concorrência e conseguirão vender a mesma coisa, mas por um preço justo.

70%
Mudariam de marca por um preço mais baixo

55%
Dispostos a pagar mais por uma boa experiência de compra

Afinal, se realmente não há diferença alguma entre seu produto e o do seu concorrente, então é muito importante que você pense em como diferenciá-lo para seus clientes. Isso pode incluir oferecer um atendimento diferenciado, garantias exclusivas ou uma apresentação mais atraente. Além disso, é importante fazer uma análise cuidadosa dos seus concorrentes e identificar pontos fracos nos seus produtos, para que você possa superá-los e oferecer aos seus clientes algo que realmente valha a pena. Ao fazer isso, você pode aumentar sua vantagem competitiva e alcançar o sucesso que deseja como vendedor.

Essa frase também se aplica ao aspecto preço. Se o cliente não consegue identificar a diferença entre o seu produto e o de seus concorrentes, é porque provavelmente não há uma diferença tangível ou relevante para ele. Nesse caso, pode-se até baixar o preço como forma de competir nesse mercado.

É importante lembrar que o cliente sempre está buscando o melhor custo-benefício. Se você não consegue oferecer algo diferente, precisa oferecer um preço mais atraente. Se o cliente não consegue ver uma razão para pagar mais pelo seu produto, é hora de repensar sua estratégia. E, com certeza, reduzir preço é a pior delas.

Se, portanto, um cliente está pagando mais por um produto que exista em menor preço em outro concorrente, é porque, para ele, o produto não é o mesmo. Algo na oferta desse produto está servindo para aquele cliente como um diferencial, seja o prazo de pagamento ou de entrega, a credibilidade do fornecedor, a comodidade e facilidade em se obter o produto, ou mesmo o conjunto de vários desses quesitos, percebido pelo cliente como uma melhor "experiência de compra".

Entenda que o que qualquer cliente compra é uma Experiência de Compra

Fica claro, então, que a compra de um produto ou serviço não é somente uma transação financeira, mas também uma experiência. Antigamente, pessoas iam aos parques para passar um tempo agradável e fazer compras, mas agora isso mudou e substituímos os parques por shoppings. Mesmo em vendas B2B, onde o peso financeiro é menor, a experiência de compra é importante e pode ser um (e às vezes o único) diferencial.

O vendedor precisa entender que, independentemente do segmento de mercado, o cliente está buscando uma experiência positiva e satisfatória ao comprar. Portanto, é importante que o vendedor se concentre em oferecer não somente um produto ou serviço de qualidade, mas também uma experiência de compra agradável e personalizada.

Exercitando

Hora de refletir e colocar em prática o que você aprendeu até aqui. Anote abaixo (ou em um papel a parte):

1.O que você entendeu do conteúdo até aqui?
2.Como você usará o que leu até aqui, na prática, em seu processo de venda?

Capítulo 2

VENDA DE MANEIRA CONSULTIVA

A venda consultiva é uma estratégia de vendas que tem ganhado cada vez mais espaço no mercado. Ela se baseia em compreender as necessidades e desejos do cliente e oferecer soluções personalizadas que atendam a essas demandas. Em vez de simplesmente empurrar produtos, o vendedor consultivo se posiciona como um consultor, um parceiro que ajuda o cliente a tomar decisões de compra informadas.

"Um consultor é um profissional especializado que fornece orientação, conselhos e assistência a indivíduos ou organizações em uma área específica de conhecimento. Sua expertise é geralmente adquirida por meio de experiência prática, educação formal e contínua, permitindo que ofereçam insights valiosos para resolver problemas, melhorar processos ou alcançar metas específicas".

Kotler, P., Keller, K. L., Brady, M., Goodman, M., & Hansen, T. (2009). Marketing Management. Pearson Education.

Estudos recentes apontam que a postura consultiva é eficaz em vários aspectos. De acordo com a Aberdeen Group, empresas que adoptam uma abordagem consultiva tem uma taxa de fechamento de vendas 7% maior do que aquelas que não o fazem. Além disso, clientes atendidos por vendedores consultivos têm uma satisfação e lealdade significativamente maiores, o que pode resultar em vendas recorrentes e referências positivas.

7% Aumento na taxa de fechamento

A venda consultiva também pode ser especialmente útil em mercados onde a concorrência é intensa e os produtos são comoditizados. Em vez de se concentrar apenas nas características técnicas do produto, o vendedor consultivo procura compreender como o produto pode atender às necessidades específicas do cliente e como se diferencia dos concorrentes. Dessa forma, ele pode oferecer uma solução personalizada e de valor que ajuda o cliente a tomar uma decisão de compra informada.

Vender de maneira consultiva é, então, uma abordagem eficaz que ajuda o vendedor a se diferenciar da concorrência e oferecer soluções personalizadas aos clientes. É importante para o vendedor se preparar adequadamente, compreender as necessidades e desejos do cliente e se posicionar como um consultor confiável que ajuda o cliente a tomar decisões de compra informadas.

Mas na prática, o que significa ser um vendedor consultivo?

Bem, o primeiro passo para responder à essa pergunta, pode ser entender a diferença entre consultor e vendedor.

Diferença entre um consultor e um vendedor

A diferença entre um consultor e um vendedor é fundamental para entender a evolução da venda e o que se espera de um profissional no mercado atual. Enquanto o vendedor tradicional se preocupa em simplesmente fechar a venda, o consultor busca compreender as necessidades do cliente e oferecer soluções que atendam às suas expectativas.

As principais competências de um consultor incluem habilidade de escuta ativa, capacidade de formular perguntas eficazes e compreender as necessidades do cliente. Além disso, um consultor deve ser capaz de identificar oportunidades e apresentar soluções personalizadas. Para ser um consultor, um vendedor deve buscar informações e técnicas de fontes confiáveis, como livros, treinamentos e workshops.

As competências e comportamentos de um consultor incluem a habilidade de conduzir uma conversa com o cliente e identificar suas necessidades, apresentar soluções personalizadas e estabelecer relacionamentos de confiança com o cliente. Além disso, um consultor deve ser ético, confiável e comprometido com o sucesso do cliente. De acordo com dados de fontes confiáveis, como pesquisas de mercado, a adoção de uma postura consultiva é fundamental para o sucesso de uma venda e para a satisfação do cliente.

Portanto, a principal diferença entre um vendedor convencional e um consultor é o foco.

"Enquanto o vendedor tradicional se concentra em vender produtos, o consultor se concentra nas dores e desafios dos clientes."

Um consultor é capaz de ouvir atentamente o cliente, entender suas necessidades e desafios e, em seguida, apresentar soluções personalizadas que atendam a essas necessidades. Isso não significa que o consultor não seja capaz de vender produtos, mas significa que ele não se concentra apenas na venda, mas sim em ajudar o cliente a resolver seus problemas.

Para ser um consultor de sucesso, é fundamental ter a capacidade de ouvir o cliente e entender suas dores. Isso pode ser alcançado através de perguntas abertas e técnicas de escuta ativa. Além disso, é importante ter conhecimento aprofundado sobre os produtos e soluções que se está vendendo, bem como sobre o mercado e as tendências. Dessa forma, o consultor será capaz de apresentar soluções personalizadas que atendam às necessidades específicas do cliente e que sejam realmente percebidas como valor e não apenas como "uma coisa".

Você está vendendo valor, na forma de soluções, ou produtos? (Não venda furadeiras, venda furos)

Você já se perguntou se você está vendendo valor, na forma de soluções, ou apenas produtos? Em outras palavras, você está ajudando o cliente a resolver suas dores ou simplesmente vendendo "uma coisa"? A diferença é crucial e pode determinar se você é visto como um consultor ou apenas como um vendedor.

Ao se concentrar nas dores do cliente, você pode entender suas necessidades e oferecer soluções específicas para ajudá-lo a resolver seus problemas. Isso o diferencia de um vendedor comum que se concentra em vender um produto em si, sem se importar com as necessidades do cliente. Além disso, quando você oferece soluções, está aumentando o valor percebido pelo cliente e aumentando suas chances de fechar negócio.

Por exemplo, em vez de vender uma furadeira, um consultor pode vender soluções para o cliente que precisa fazer furos em diferentes superfícies. Ele pode entender as dores do cliente de não conseguir fazer furos precisos e oferecer uma furadeira com acessórios específicos que solucionem esse problema. Dessa forma, o consultor está vendendo valor e soluções, e não apenas um produto.

Perceba que um vendedor que vende furadeiras, fala de furadeiras, demonstra furadeiras e é especialista em furadeiras. Já um vendedor que vende furos, fala de furos, demonstra excelentes furos facilmente feitos e é especialista em furos. Mesmo que, no final das contas, o que ele quer que o cliente compre são suas furadeiras, mas não porque elas são furadeiras e sim porque elas fazem os furos que o cliente precisa.

Se você deseja ser visto como um consultor e não apenas como um vendedor, é importante se concentrar nas dores do cliente e oferecer soluções específicas para ajudá-los a resolver seus problemas (furos). Ao fazer isso, você aumenta o valor percebido pelo cliente e suas chances de fechar negócio (comprando sua furadeira).

Percebeu que, no mundo atual, você não é apenas um vendedor? Você é muito mais do que isso. Você é um consultor!

Não interessa o que está em seu crachá

Não interessa o que está escrito no crachá de um vendedor: ele pode ter o título de Consultor Comercial, mas se não agir como tal, ele é apenas mais um vendedor. Em muitas empresas, há uma tendência de dar nomes diferentes aos cargos dos vendedores, mas o que realmente importa é a atitude e a postura do profissional.

Ser um consultor é muito mais do que ter um crachá com esse título. É preciso ter conhecimento aprofundado sobre o produto ou serviço que está sendo vendido, além de ser capaz de compreender as necessidades do cliente e oferecer soluções personalizadas. O consultor precisa ser ético, confiável e ter habilidades de comunicação e negociação.

Ao contrário, um vendedor comum pode se concentrar em simplesmente "fechar a venda", sem considerar as necessidades e interesses do cliente. Eles podem fazer promessas vazias ou apresentar uma postura desonesta, o que pode prejudicar a imagem da empresa e afetar negativamente as relações com os clientes.

Portanto, o título escrito no crachá não define se um profissional é um consultor ou vendedor. O que importa é a postura e a atitude do indivíduo, bem como sua capacidade de compreender e atender às necessidades dos clientes. Portanto, é importante que as empresas valorizem e treinem seus funcionários para que possam desempenhar suas funções de forma adequada e eficiente, posicionando-se como consultores do cliente, focados mais em ouvir do que em falar.

Você vende quando o cliente está falando e não quando você está falando (Vender não é falar, mas ouvir)

Em vendas, a comunicação é fundamental para estabelecer uma relação de confiança com o cliente e entender suas necessidades. Porém, muitos vendedores cometem o erro de se concentrar apenas em falar sobre seus produtos e esquecer de ouvir o que o cliente tem a dizer. É aí que entra a máxima "Você vende quando o cliente está falando e não quando você está falando".

Vender não é simplesmente falar sobre seu produto, mas sim ouvir o cliente para entender suas dores e oferecer a solução ideal. Mais do que isso, é ouvir primeiro e falar depois.

Em muitos de meus processos de coaching com vendedores, encontro profissionais que se concentram em aprender a fazer uma excelente demonstração do produto, mas não conseguem vender, porque não perguntaram antes para o cliente se ele precisa daquele produto.

Perguntar, então, deve ser o aspecto mais desenvolvido de um vendedor. Para se tornar excelente em perguntar, seguem algumas dicas:

1. Preparar perguntas: Antes da reunião com o cliente, é importante preparar perguntas para obter informações relevantes sobre suas dores e necessidades. Isso pode ser feito através da leitura de sua carta de venda ou conversas anteriores com o cliente. Alguns exemplos de perguntas incluem "O que você espera da solução que está procurando?" ou "Como você está lidando com seus desafios atualmente?"

2. Perguntas abertas: As perguntas abertas são ótimas para iniciar a conversa e obter uma visão geral do cliente. Isso pode incluir perguntas como "Como você descreveria seu atual processo de trabalho?" ou "Quais são as suas principais preocupações relacionadas ao problema que você está enfrentando?". O oposto de perguntas abertas, são as perguntas fechadas, ou seja, aquelas perguntas que podem ser respondidas apenas com um ou poucas palavras, confirmando ou negando algo, e que não trazem mais informações úteis, por exemplo "Você está satisfeito com seu fornecedor atual?". Veja que perguntas fechadas não são totalmente inúteis. Em alguns casos você precisará usá-las. Mas note que a pergunta anterior poderia trazer informações muito mais úteis se fosse refeita e transformada em algo como "O que seu fornecedor atual poderia te oferecer e não está oferecendo atualmente?".

3. Escuta ativa: É fundamental escutar atentamente o que o cliente tem a dizer e evitar interrupções. Isso mostra ao cliente que você está interessado em entender suas necessidades e construir uma relação de confiança. Além disso, é importante evitar distrações como olhar para o celular ou fazer anotações enquanto o cliente está falando.

4. Perguntas claras e objetivas: É importante fazer perguntas claras e objetivas para ter certeza de que está compreendendo as necessidades do cliente. Alguns exemplos incluem "Você já experimentou alguma solução semelhante antes?" (um exemplo de uma pergunta fechada útil) ou "Como você gostaria de medir o sucesso da solução que você está procurando?" (um exemplo de uma pergunta aberta útil).

5. Evite julgamentos: É importante evitar fazer julgamentos ou sugestões quando o cliente está falando. Em vez disso, use as perguntas para esclarecer dúvidas e entender melhor suas necessidades. Alguns exemplos incluem "Posso entender melhor sua preocupação sobre isso?" ou "O que levou você a tomar essa decisão?"

Lembre-se, o objetivo é compreender o cliente e ajudá-lo a solucionar seus problemas, e para isso é preciso ouvir atentamente o que ele tem a dizer. Quando você consegue estabelecer uma relação de confiança com o cliente, a venda acontece naturalmente. E quando você conhece bem o seu cliente, fica mais fácil estabelecer essa relação de confiança.

Conheça seu público-alvo

Conhecer o público-alvo é fundamental para que o consultor possa oferecer soluções eficazes e personalizadas. É importante entender as necessidades, desafios e objetivos do seu público para poder apresentar soluções que realmente atendam às suas expectativas. Para conhecer seu público-alvo, algumas dicas são:

1. Estude sua persona: Conheça detalhes sobre sua persona, tais como idade, gênero, nível de educação, renda, localização, entre outros aspectos relevantes. Isso permitirá que você se conecte com seu público e entenda suas necessidades.

2. Observe seus comportamentos: Analise o comportamento de seu público-alvo, como suas preferências de consumo, hábitos de compra, preferências de comunicação, entre outros.

3. Converse com seu público: Mantenha contato direto com seu público-alvo, por meio de pesquisas, entrevistas ou outras formas de comunicação. Essa é a melhor maneira de entender suas necessidades e desejos.

4. Tenha atenção ao mercado: Mantenha-se atento ao mercado em que atua, acompanhando as tendências e as mudanças no comportamento do público-alvo.

Conhecer profundamente seu público-alvo é fundamental para que o consultor possa oferecer soluções eficazes e personalizadas, o que aumentará suas chances de sucesso na venda. Além disso, ao compreender as necessidades de seu público, o consultor poderá construir uma relação de confiança e fidelidade, o que é fundamental para a construção de uma base sólida de clientes.

Novamente, aqui o CliftonStrengths® é uma excelente ferramenta para ajudar a compreender o perfil dos clientes, usando os quatro domínios principais: execução, influência, construção de relacionamentos e pensamento estratégico. A partir da compreensão desses quatro aspectos, o consultor pode ajustar sua abordagem de vendas de maneira a conectar melhor com seus clientes, construir relacionamentos mais fortes e influenciar positivamente as decisões de compra. O CliftonStrengths® é uma ferramenta valiosa para ajudar a compreender a dinâmica do público-alvo, e proporcionar uma abordagem de vendas mais efetiva e personalizada.

Além do CliftonStrengths®, existem outras metodologias que podem ajudar a segmentar clientes de acordo com seus perfis. Alguns exemplos incluem análise demográfica, comportamental, geográfica, entre outros. Cada uma dessas metodologias tem sua abordagem e é importante que o vendedor escolha a que mais se adapta às suas necessidades.

Para ter sucesso na venda, é importante que o vendedor conheça bem seu público-alvo e saiba identificar suas necessidades, desejos e personalidades. Portanto, sugiro que o vendedor procura uma metodologia que mais se adeque a sua situação e aprenda a utilizá-la para compreender melhor seu público-alvo. Isso ajudará a aumentar sua eficiência na hora de oferecer soluções personalizadas e eficientes para cada um dos seus clientes.

Estude suas personas

Um dos aspectos apontados acima são as personas e elas são um excelente ponto de partida para o entendimento de seu público-alvo. As personas são representações fictícias dos seus clientes ideais, criadas com base em dados demográficos, comportamentos e motivações reais. A criação de personas é uma técnica de segmentação de mercado que ajuda a compreender melhor o comportamento e as necessidades dos clientes, permitindo que as empresas criem soluções e estratégias mais eficazes.

"Uma persona é uma representação fictícia e detalhada do cliente ideal de uma empresa, com base em dados demográficos, comportamentais e características pessoais. Criar personas é uma prática comum no marketing para compreender melhor o público-alvo e personalizar estratégias de comunicação e vendas."

Solomon, M. R., Dahl, D. W., White, K., Zaichkowsky, J. L., & Polegato, R. (2019). Consumer Behavior: Buying, Having, and Being. Pearson.

Para criar uma persona, é preciso coletar informações sobre seus clientes atuais e potenciais, incluindo dados demográficos, hábitos de consumo, desafios e objetivos. Em seguida, é preciso analisar essas informações e criar uma representação fictícia de um cliente ideal. Cada empresa pode ter várias personas, cada uma representando um grupo distinto de clientes.

Ao criar as personas, é importante lembrar que elas não devem ser baseadas em suposições ou estereótipos, mas sim em dados concretos coletados a partir da pesquisa. Além disso, as personas precisam ser revisadas periodicamente à medida que novos dados forem coletados.

Ao trabalhar com personas, é possível entender melhor seus clientes e criar soluções e estratégias mais eficazes para atendê-los. Isso pode ajudar a aumentar a satisfação dos clientes, a fidelidade e o retorno sobre o investimento.

Aqui está um exemplo de uma persona hipotética:

Nome: Maria Silva (dê um nome fictício para a persona)

Idade: 35 anos (média)
Profissão: Gerente de Marketing (mais comum)
Localização: São Paulo (mais comum)
Renda: R$ 10.000 a R$ 15.000 por mês (média)
Objetivos: Maria busca soluções para otimizar a comunicação da empresa e aumentar as vendas. Ela procura soluções inovadoras que possam ser integradas com as estratégias já existentes.

Desafios: Maria enfrenta uma concorrência acirrada no mercado e precisa encontrar maneiras de se destacar. Ela também tem uma equipe pequena e precisa encontrar soluções para trabalhar de forma mais eficiente.

Comportamento de compra: Maria é uma pessoa muito organizada e gosta de fazer pesquisas antes de tomar uma decisão de compra. Ela é sensível a preços e valoriza a qualidade do produto ou serviço. Ela prefere marcas reconhecidas e confia nas recomendações de seus colegas de trabalho.

Jornada de compra: Maria começa sua jornada de compra pesquisando soluções para suas necessidades na internet. Ela compara preços e qualidade de diferentes produtos e serviços antes de entrar em contato com uma empresa. Se ela gostar do que vê, ela agendará uma reunião para discutir a solução em detalhes.

Com base nessas informações, é possível criar uma abordagem personalizada para atender às necessidades de Maria e ajudá-la a alcançar seus objetivos e, sendo a Maria uma persona que representa a maior parte dos seus clientes (ou pelo menos um grupo deles), ao se preparar para atingir a Maria você estará se preparando para atingir a maioria do seu público-alvo.

Conhecer a persona dos clientes é importante para um vendedor de commodities porque permite que ele compreenda melhor as necessidades, desafios e preferências de seus clientes. Isso ajuda a criar uma abordagem mais personalizada e eficaz, tornando mais fácil estabelecer uma relação de confiança com os clientes e, consequentemente, fechar negócios. E se isso é importante em qualquer mercado, é ainda mais importante em mercados onde a diferença entre o sucesso e o fracasso são tão pequenas quanto o mercado de commodities.

Além disso, compreender a persona dos clientes permite que o vendedor identifique padrões de comportamento de compra e se adapte a eles, oferecendo soluções específicas que atendam às suas necessidades. Isso resulta em uma comunicação mais efetiva e em vendas mais bem-sucedidas.

Por fim, conhecer a persona dos clientes é importante porque permite que o vendedor identifique oportunidades de vendas adicionais, oferecendo soluções complementares que possam atender às necessidades dos clientes e aumentar o valor das transações. Sendo assim, conhecer a persona dos clientes é fundamental para o sucesso de um vendedor de commodities.

Faça Benchmarking

Mas conhecer a persona não é tudo. É fundamental fazer benchmarking. Benchmarking é um processo de comparação com os melhores exemplos de uma determinada categoria, com o objetivo de identificar pontos de melhoria e aprender com a excelência alcançada por outras empresas ou indivíduos. Em vendas, o benchmarking pode ser usado para comparar a performance do vendedor com os melhores profissionais da sua área, identificando pontos fortes e fracos e permitindo o aprimoramento contínuo da sua atuação, bem como comparar sua oferta com a oferta dos concorrentes e trabalhar para tornar-se melhor.

É importante para um vendedor de commodities fazer benchmarking porque ele pode ajudá-lo a avaliar seu desempenho em relação a outros profissionais da sua área e a concorrentes e identificar áreas em que ele precisa melhorar. Além disso, o benchmarking pode ser usado para identificar as melhores práticas adotadas por outros vendedores, o que pode ser uma fonte valiosa de inspiração para melhorias na sua atuação. Ao seguir as melhores práticas identificadas pelo benchmarking, o vendedor pode aumentar sua eficiência e efetividade, tornando-se mais competitivo no mercado e, consequentemente, mais bem-sucedido na sua carreira. Existem vários tipos de benchmarking, mas os mais comuns são:

1. Benchmarking Interno: comparar os processos e práticas internas com as melhores práticas da empresa ou comparar-se com outros vendedores de sua própria empresa.

2. Benchmarking Competitivo: comparar os processos e práticas da empresa com os de seus principais concorrentes. Assim como comparar-se com os vendedores de seus concorrentes.

3. Benchmarking Setorial: comparar os processos e práticas da empresa com as melhores práticas do setor. Tanto para aspectos relativos à própria empresa quando para aspectos de processo de venda. Será que outras empresas do mesmo setor fazem algo em vendas que você ainda não faz, mas poderia fazer?

4. Benchmarking Funcional: comparar os processos e práticas de uma área específica da empresa com as melhores práticas de outras áreas. Sim, é possível aprender como outras áreas que não as áreas comerciais da empresa. Por exemplo, será que você poderia aprender com o time de atendimento alguma técnica para quebrar o gelo em seus atendimentos futuros?

5. Benchmarking Global: comparar os processos e práticas da empresa com as melhores práticas em todo o mundo. Ou seja, você pode expandir o olhar para fora do seu ambiente físico. Como será que são os processos de vendas de empresas parecidas com a sua nos Estados Unidos, na Europa, na Ásia? O que você pode aprender com eles e adaptar para seu processo de venda aqui no Brasil?

Imagine que você é um vendedor de café em grãos, e quer comparar o preço de seu produto com os preços de seus concorrentes. Aqui está um exemplo passo a passo de como você pode fazer benchmarking nesta situação:

1. Identificar concorrentes: comece identificando todas as empresas que vendem café em grãos na sua região.

2.Coletar dados: visite o site ou a loja de cada um dos seus concorrentes e anote o preço do café em grãos que eles estão vendendo.

3. Análise de dados: depois de ter coletado todas as informações, compare os preços dos concorrentes para determinar o preço médio do mercado.

4. Avalie o seu produto: em seguida, avalie o preço de seu café em grãos e veja como ele se compara com o preço médio do mercado.

5. Tomar uma decisão: se o preço de seu café estiver acima do preço médio do mercado, você pode decidir reduzir o preço para se tornar mais competitivo. Se estiver abaixo, você pode decidir aumentar o preço para aproveitar a diferença.

O exemplo focado em preço é fácil de entender, mas não é o mais adequado para o contexto desse livro, já que estamos tratando aqui sobre como vender commodities sem focar necessariamente no preço. Por isso, quero te desafiar a pensar em um outro aspecto do seu produto sem ser o preço que você possa seguir os cinco passos acima para realizar um processo de benchmarking.

Lembre-se, é importante fazer benchmarking com frequência, para que você possa acompanhar as tendências do mercado e ajustar sua estratégia, se necessário.

Estude outros mercados

Você pode expandir a ideia do benchmarking para o benchmarking cruzado, que consiste em estudar outros mercados diferentes do seu e ver como eles solucionam problemas semelhantes aos que você enfrenta. Isso pode ajudar a identificar novas ideias, tendências e práticas inovadoras que possam ser adaptadas ao seu mercado. Para um vendedor de commodity, fazer benchmarking cruzado pode ser uma maneira de obter novas perspectivas e aprimorar sua estratégia de vendas. Aqui estão os passos para fazer benchmarking cruzado:

1. Identifique seus desafios atuais: Comece por identificar os desafios que você enfrenta no mercado de commodities e determine quais aspectos precisam de melhoria.

2. Escolha mercados para estudar: Escolha mercados que possuem problemas semelhantes aos que você enfrenta, mas são completamente diferentes do seu.

3. Colete informações: Reúna informações sobre as práticas, tendências e soluções adotadas pelos mercados escolhidos. É importante que você consiga obter informações detalhadas e precisas.

4. Analise as informações: Analise as informações coletadas e determine como elas podem ser aplicadas ao seu mercado de commodities.

5. Adote as melhores práticas: Implemente as soluções e práticas identificadas no benchmarking em sua estratégia de vendas.

Com o benchmarking cruzado, o vendedor de commodity pode obter novas perspectivas e soluções para seus desafios e melhorar sua estratégia de vendas. Ou seja, você pode olhar para além do seu setor e se inspirar, por exemplo, na qualidade do atendimento de uma loja de roupas famosa e incorporar práticas percebidas em seu próprio atendimento

Outro exemplo real de benchmarking cruzado seria um vendedor de commodity de alimentos que faz uma pesquisa sobre as estratégias de vendas utilizadas por empresas de eletrônicos. Ele pode descobrir que a empresa de eletrônicos utiliza técnicas de personalização para se aproximar dos clientes e oferecer soluções de acordo com suas necessidades. O vendedor de commodities pode então considerar aplicar essas técnicas de personalização para seu próprio público-alvo, oferecendo soluções personalizadas para seus clientes e melhorando suas estratégias de vendas. O benchmarking cruzado pode ajudar o vendedor a pensar fora da caixa e encontrar novas soluções para seus desafios de vendas.

Exercitando

Hora de refletir e colocar em prática o que você aprendeu até aqui. Anote abaixo (ou em um papel a parte):

1.O que você entendeu do conteúdo até aqui?
2.Como você usará o que leu até aqui, na prática, em seu processo de venda?

Capítulo 3

SEJA ESPECIALISTA NA VERDADEIRA DOR DO CLIENTE

Para vender commodities de maneira eficaz, é fundamental entender as verdadeiras dores e desafios que os clientes enfrentam. Como vendedor consultivo, é necessário ser um especialista na dor do cliente, e isso não se trata apenas de entender as necessidades óbvias e aparentes.

De acordo com uma pesquisa realizada pela HubSpot, 71% dos compradores B2B disseram que valorizam vendedores que apresentam soluções relevantes para seus negócios. Isso significa que os compradores querem trabalhar com vendedores que entendam suas dores e possam oferecer soluções que atendam a essas necessidades.

Além disso, segundo um relatório da Salesforce, 84% dos compradores B2B afirmaram que a experiência de compra é tão importante quanto o produto ou serviço em si. Isso significa que, como vendedor consultivo, é necessário ir além de oferecer um produto ou serviço, e sim entender as necessidades do cliente e oferecer uma solução completa que atenda a essas necessidades.

71%

Valorizam vendedores que apresentam soluções relevantes

84%

Experiência de compra é tão importante quando o produto

Para se tornar um especialista na dor do cliente, é necessário ouvir atentamente o que o cliente tem a dizer e fazer perguntas para entender completamente suas necessidades. Isso permitirá que o vendedor ofereça soluções relevantes e personalizadas que resolvam as verdadeiras dores do cliente.

Afinal, como disse o renomado consultor de vendas Neil Rackham:

"O objetivo da venda consultiva não é vender, mas ajudar o cliente a comprar".

Isso significa que, como vendedor consultivo, o foco deve ser na solução do problema do cliente, e não apenas na venda de um produto ou serviço.

Portanto, ser um especialista na dor do cliente é fundamental para vender commodities de maneira consultiva e eficaz. Isso permitirá que o vendedor ofereça soluções personalizadas e relevantes que atendam às necessidades específicas do cliente, o que resultará em uma experiência de compra positiva e em um relacionamento comercial duradouro.

E ser um especialista na dor do cliente demanda, primeiramente, tornar-se um especialista em perguntar.

Seja especialista em perguntar

De acordo com a Hubspot, empresas que priorizam perguntar e entender as necessidades do cliente possuem uma taxa de fechamento de negócios 10% maior do que aquelas que não o fazem. Além disso, 86% dos compradores afirmam que as perguntas bem direcionadas e que mostram entendimento do seu negócio são fundamentais para determinar com quem eles farão negócios.

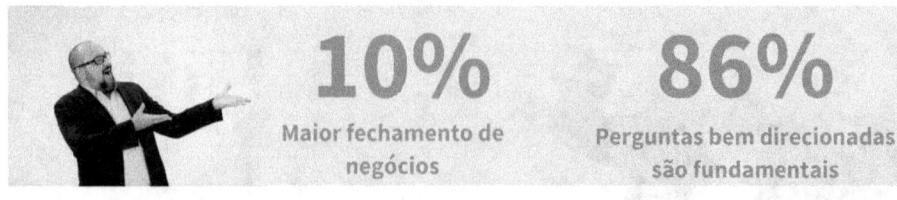

10%
Maior fechamento de negócios

86%
Perguntas bem direcionadas são fundamentais

Segundo um estudo da RAIN Group, vendedores que fazem perguntas específicas para compreender melhor as necessidades dos clientes possuem uma taxa de fechamento de negócios 15% maior do que aqueles que não o fazem. Além disso, clientes que se sentem compreendidos e valorizados pelo vendedor têm 62% mais chances de fechar um negócio com essa empresa.

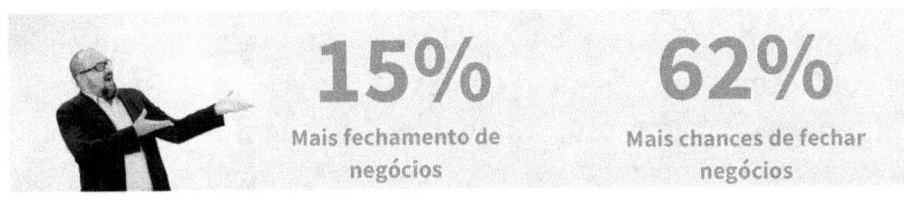

15%
Mais fechamento de negócios

62%
Mais chances de fechar negócios

Esses dados reforçam a importância de ser especialista em perguntas e em compreender as necessidades do cliente. Quando o vendedor é capaz de entender as verdadeiras dores do cliente e oferecer soluções personalizadas para suas necessidades, a chance de fechamento de negócios aumenta consideravelmente.

O básico sobre perguntas

As perguntas são, então, fundamentais para um vendedor obter informações relevantes sobre o cliente e sua necessidade, o que o ajuda a oferecer soluções mais eficazes e personalizadas. No entanto, é importante saber como fazer as perguntas corretamente para obter as informações desejadas. Nesta seção, vamos abordar as principais regras sobre perguntas, o que compõe uma boa pergunta, como usá-las em vendas e um passo a passo para perguntar bem.

Principais regras sobre perguntas em vendas

Existem algumas regras básicas que todo vendedor deve seguir ao fazer perguntas em vendas. Essas regras são baseadas em pesquisas e estudos sobre o comportamento do consumidor e como as pessoas reagem a diferentes tipos de perguntas. Algumas dessas regras são:

- **Use perguntas fechadas apenas quando necessário:** perguntas fechadas são aquelas que podem ser respondidas com um "sim" ou "não" ou com qualquer tipo de confirmação ou negação curta, tais como "vou", "não vou", "quero", "não quero", por exemplo. Elas limitam a resposta do cliente e não fornecem informações suficientes para o vendedor. Prefira usar perguntas abertas, que incentivam o cliente a falar mais sobre suas necessidades e desejos, mas lembre-se que, em determinadas situações e para determinadas informações, uma pergunta fechada pode ser o melhor caminho.

- **Faça perguntas abertas que levem a respostas detalhadas:** perguntas abertas são aquelas que não podem ser respondidas com um "sim" ou "não". Elas permitem que o cliente fale mais sobre suas necessidades e desejos, o que fornece informações valiosas para o vendedor. No entanto, é importante fazer perguntas abertas que levem a respostas detalhadas e relevantes para a venda. Perguntas abertas geralmente começam com "o que", "de que forma", "como", por exemplo.

- **Faça perguntas focadas no cliente:** as perguntas devem ser focadas no cliente e em suas necessidades, em vez de no produto ou serviço que o vendedor está vendendo. Isso ajuda o vendedor a entender as necessidades do cliente e a oferecer soluções personalizadas que atendam a essas necessidades.

- **Escute atentamente as respostas:** é importante não apenas fazer as perguntas corretas, mas também escutar atentamente as respostas do cliente. Isso ajuda o vendedor a entender melhor as necessidades do cliente e a oferecer soluções mais eficazes.

O que compõe uma boa pergunta

Uma boa pergunta deve ser aberta, focada no cliente e levar a respostas detalhadas e relevantes para a venda. Além disso, existem alguns outros elementos que compõem uma boa pergunta. Esses elementos são:

- **Clareza:** a pergunta deve ser clara e fácil de entender pelo cliente. Isso ajuda a evitar confusões e mal-entendidos.

- **Objetividade:** a pergunta deve ser objetiva e não levar o cliente a uma resposta específica (exceto quando você realmente quer isso). Isso ajuda a obter informações valiosas e imparciais.

- **Relevância:** a pergunta deve ser relevante para a venda e para as necessidades do cliente. Isso ajuda o vendedor a obter informações que possam ser usadas para oferecer soluções personalizadas.

- **Sinceridade:** o vendedor deve fazer perguntas com sinceridade e interesse genuíno pelas necessidades do cliente. Isso ajuda a construir uma relação de confiança com o cliente.

- **Não encadeadas:** prefira sempre fazer uma pergunta por vez, espere a resposta do cliente e só então faça a próxima pergunta. Evite fazer duas ou mais perguntas encadeadas, assim como explicar excessivamente uma pergunta.

Como usar perguntas em vendas

Para usar perguntas em vendas de forma eficaz, é importante seguir algumas dicas:

1. Escute ativamente: preste atenção nas respostas do cliente e use as informações para fazer perguntas mais específicas e relevantes, ou seja, use a resposta do cliente a uma pergunta sua para criar outras perguntas.

2. Faça perguntas que revelem problemas: faça perguntas que ajudem a identificar problemas que o cliente pode ter, e que possam ser resolvidos com a oferta de seu produto ou serviço.

3. Use perguntas para criar empatia: perguntas que mostram interesse genuíno pelas necessidades do cliente ajudam a criar uma relação de confiança e empatia.

Passo a passo para perguntar bem

Para perguntar bem em vendas, siga o seguinte passo a passo:

1. Preparação: Antes da reunião ou conversa, prepare-se fazendo pesquisas sobre a empresa do cliente, seus concorrentes, tendências do mercado e outros assuntos relevantes.

2. Estabeleça uma conexão: Comece a conversa estabelecendo uma conexão com o cliente, mostrando interesse por sua empresa e seu trabalho.

3. Seja verdadeiramente curioso: O melhor caminho para se tornar bom em fazer perguntas é ser verdadeiramente curioso pelo que o cliente pensa e sente, por entender as reais dores dos clientes e por conhecê-lo realmente.

4. Faça perguntas abertas e focadas no cliente: Faça perguntas que revelem as necessidades do cliente e seus problemas, como "O que você está procurando em um produto ou serviço?" ou "Quais são os maiores desafios que sua empresa enfrenta atualmente?".

5. Escute ativamente: Escute com atenção as respostas do cliente e faça perguntas adicionais para obter mais informações.

6. Faça perguntas que mostrem que você entende: Faça perguntas que mostrem que você entende as necessidades e preocupações do cliente, como "Posso confirmar se entendi corretamente que você está procurando um produto que possa melhorar a eficiência de sua produção?".

7. Use perguntas para apresentar soluções: Use perguntas para apresentar soluções que atendam às necessidades e problemas do cliente, como "Você já considerou nosso produto X, que tem sido utilizado por outras empresas em situações semelhantes?".

SPIN Selling®

Uma vez que você tenha exercitado os passos e quesitos acima para tornar-se um especialista em fazer perguntas, o vendedor pode aprofundar e tornar-se ainda melhor nessa competência através de metodologias consagradas de perguntas e investigação, sendo o SPIN Selling® a mais relevante delas.

SPIN Selling® é uma técnica de investigação que se concentra em fazer perguntas eficazes para identificar as necessidades do cliente para, em seguida, oferecer soluções personalizadas que atendam a essas necessidades. É uma técnica relevante porque ajuda os vendedores a obterem informações valiosas e significativas sobre as necessidades do cliente e, em seguida, oferecerem soluções que atendam a essas necessidades de maneira precisa.

Para vendedores de commodities, o SPIN Selling® é particularmente útil porque eles estão lidando com produtos básicos que ou são commodities ou, muitas vezes, são vistos como commodities. Através da técnica SPIN, o vendedor pode descobrir como o cliente pretende usar o produto e que necessidades específicas ele precisa atender. O vendedor pode então usar essas informações para oferecer soluções personalizadas que sejam relevantes para as necessidades específicas do cliente. Isso pode ajudar a diferenciar a oferta do vendedor em um mercado onde muitas vezes os produtos são vistos como iguais.

Além disso, o SPIN Selling® também ajuda a construir um relacionamento de confiança com o cliente, pois demonstra interesse e preocupação genuína com as necessidades do cliente, o que é importante em um mercado de commodities onde os clientes podem estar mais focados em preços do que em relacionamentos duradouros.

A sigla SPIN significa:

S	Situação: perguntas sobre a situação atual do cliente
P	Problema: perguntas sobre os problemas e desafios que o cliente está enfrentando
I	Implicação: perguntas sobre as implicações desses problemas e desafios
N	Necessidade de Solução: perguntas que levam o cliente a reconhecer a necessidade de uma solução

Exemplo 1:

Um vendedor de milho está conversando com um cliente que tem uma fazenda e produz ração para animais. Ele poderia usar a técnica SPIN da seguinte maneira:

S	**"Como você está lidando com a produção de ração para seus animais?"**
P	**"Você está tendo problemas com a quantidade ou qualidade do milho que está usando atualmente?"**
I	**"Como esses problemas estão afetando o crescimento e a saúde de seus animais?"**
N	**"Seria útil considerar um milho de melhor qualidade para melhorar a produção e a saúde de seus animais?"**

Exemplo 2:

Um vendedor de óleo de soja está conversando com um cliente que possui uma lanchonete e usa óleo para frituras. Ele poderia usar a técnica SPIN da seguinte maneira:

S	**"Como está a sua produção de frituras?"**
P	**"Você está tendo problemas com a qualidade do óleo que está usando atualmente?"**

I	**"Como isso está afetando a qualidade do sabor e a consistência das frituras?"**
N	**"Seria útil considerar um óleo de melhor qualidade para melhorar a qualidade das frituras e satisfazer seus clientes?"**

Esses exemplos mostram como a técnica SPIN pode ser aplicada por um vendedor de commodities para descobrir as necessidades e problemas do cliente e oferecer soluções personalizadas.

Caso você queira aprofundar nesse tema, recomendo muito a leitura do livro "Alcançando a Excelência em Vendas" de Neil Rackham.

Como seu produto pode resolver essa dor?

Depois de identificar a dor do cliente, o vendedor de commodities deve mostrar como o seu produto pode resolvê-la. Isso é essencial para que o cliente entenda como o produto pode ser útil para ele e se sinta motivado a fazer a compra.

A conexão entre a dor do cliente e o produto oferecido pode ser feita de diversas maneiras. É importante que o vendedor conheça bem o produto que está oferecendo para poder relacioná-lo de forma clara e objetiva com a dor do cliente. Algumas das informações que o vendedor precisa conhecer sobre seus produtos incluem suas funcionalidades, benefícios, preço e características técnicas.

Para exemplificar, vamos imaginar que um vendedor de commodities esteja negociando com uma indústria alimentícia que tem a dor de reduzir custos de produção. O vendedor pode oferecer um tipo de açúcar de menor custo, explicando como ele pode ser usado da mesma forma que o açúcar tradicional, porém com uma economia significativa de custos. Ele pode também apresentar dados sobre a eficiência do produto e como ele já foi utilizado por outras indústrias com sucesso.

Outro exemplo pode ser um vendedor de commodities que está negociando com um cliente que deseja reduzir o impacto ambiental de sua produção. O vendedor pode oferecer produtos que tenham uma pegada de carbono menor, mostrando como eles podem ser utilizados na produção do cliente e como isso pode melhorar sua imagem perante o mercado e consumidores.

É importante ressaltar que, para fazer essa conexão entre a dor do cliente e o produto oferecido, o vendedor deve se basear em informações reais e relevantes. Ele precisa conhecer muito bem tanto a dor do cliente quanto os seus produtos e suas características. Isso garante que ele possa fazer uma oferta que realmente atenda às necessidades do cliente e que possa gerar resultados positivos para ambos.

Portanto, o vendedor inteligente é aquele que constantemente coleta casos de dores solucionadas, documentando-as, para usar como argumento de vendas para seus novos clientes ou para novas vendas em clientes atuais.

Conhecer profundamente os processos do cliente

Conhecer profundamente os processos do cliente é fundamental para entender as dores dos clientes, além de como suas soluções podem ajudá-lo, ou seja, é fundamental para o sucesso de uma venda consultiva. Afinal, entender os processos do cliente significa entender como ele funciona, como toma decisões e quais são as suas principais necessidades. De acordo com uma pesquisa realizada pela SalesHacker, 74% dos compradores escolhem o vendedor que primeiro agregou valor durante a venda.

Conhecer profundamente os processos do cliente também ajuda o vendedor a entender onde estão as dificuldades do cliente e a oferecer soluções personalizadas. Uma pesquisa realizada pela Harvard Business Review mostrou que os vendedores que focam nas necessidades dos clientes têm um desempenho 50% melhor do que aqueles que não o fazem.

74%

Escolhem o vendedor que primeiro agregou valor

50%

Maior desempenho para vendedores que focam nas necessidades dos clientes

Para conhecer os processos do cliente, o vendedor deve fazer perguntas específicas e direcionadas, como por exemplo:

- Quais são as principais dificuldades que você enfrenta no seu processo de produção?
- Como você toma decisões de compra na sua empresa?
- Quais são os critérios que você utiliza para escolher seus fornecedores?

Além disso, o vendedor pode fazer uma análise detalhada do mercado em que o cliente está inserido, buscando informações sobre concorrentes, tendências, regulamentações e outras informações relevantes que possam ajudar a entender melhor os processos do cliente.

1. Um vendedor de fertilizantes que atende a produtores de café: para conhecer os processos do cliente, o vendedor pode perguntar sobre as principais dificuldades na produção de café, tais como problemas com pragas, clima, falta de nutrientes no solo, entre outros. Além disso, o vendedor pode analisar o mercado de café, buscando informações sobre preços, concorrentes e tendências, como a demanda por café orgânico.

2. Um vendedor de combustíveis que atende a uma transportadora: para conhecer os processos do cliente, o vendedor pode perguntar sobre os principais desafios da transportadora, como redução de custos, aumento da eficiência, cumprimento de regulamentações, entre outros. Além disso, o vendedor pode analisar o mercado de transporte, buscando informações sobre preços de combustíveis, concorrentes e tendências, como a busca por fontes de energia renovável.

Saiba algo tão valioso para seu cliente que ele queira comprar de você

Essa abordagem tem ganhado cada vez mais espaço no mundo dos negócios, pois os clientes não querem apenas comprar produtos, mas sim soluções para seus problemas. E para se tornar um parceiro de negócios valioso para o cliente, o vendedor de commodities precisa ir além da venda de produtos e serviços.

Segundo a Harvard Business Review, os clientes valorizam muito mais um vendedor que seja capaz de fornecer soluções personalizadas e conhecimentos especializados, do que aquele que simplesmente oferece produtos e preços competitivos. O cliente quer saber que o vendedor entende suas necessidades e desafios, e que pode fornecer informações e soluções que vão além do produto em si.

Nesse sentido, o vendedor de commodities precisa investir em seu próprio conhecimento e na compreensão profunda do setor em que atua, para poder oferecer insights e soluções personalizadas que agreguem valor para o cliente. É preciso estar atualizado sobre as tendências do mercado, as novas tecnologias e as mudanças regulatórias que podem afetar o negócio do cliente.

Dessa forma, o vendedor pode se tornar um verdadeiro parceiro de negócios para o cliente, oferecendo insights e soluções que vão além da venda de commodities. Por exemplo, um vendedor de commodities de energia pode se tornar um consultor em eficiência energética, oferecendo soluções personalizadas para redução de custos e consumo de energia para seus clientes.

Outro exemplo seria um vendedor de commodities agrícolas que se torna um especialista em agricultura sustentável, fornecendo informações e soluções para seus clientes sobre práticas agrícolas mais eficientes e sustentáveis.

O conhecimento especializado e personalizado que o vendedor de commodities pode fornecer ao cliente pode ser tão valioso que o próprio cliente deseje comprar seus produtos e serviços para poder usufruir desse conhecimento. Essa abordagem pode transformar o vendedor em um verdadeiro parceiro de negócios para o cliente, gerando benefícios para ambas as partes.

Voltamos aqui a importância do vendedor consultor.

Em meus treinamentos de vendas, tenho feito a seguinte pergunta para os vendedores: Um cliente paga um valor X pelos produtos que você vende + a sua presença. Se, a partir de amanhã, os produtos que você vende passassem a ser distribuídos de graça para seu cliente, quanto ele aceitaria continuar pagando apenas por sua presença?

Se sua resposta for NADA ou próximo de nada, então você está com um problema, pois, afinal, sempre haverá um concorrente que poderá oferecer produtos semelhantes (ou até idênticos) aos seus, por um preço ligeiramente menor.

Você pode estar pensando, agora, que nenhum cliente pagaria apenas pela presença de um vendedor, mas não é exatamente isso o que acontece com consultores?

Muitos clientes (seus inclusive!) contratam consultores e pagam valores enormes para que estes profissionais compartilhem conhecimentos com eles. Os consultores não levam sequer uma agulha para os clientes, apenas conhecimento, e ainda assim seus clientes pagam montanhas de dinheiro por isso. E se você fosse o portador desses conhecimentos? E se o seu cliente visse em você exatamente o valor que esses consultores contratados demonstram ter?

E sabe por onde começar a demonstrar esse valor? Dedicando-se a ser uma ferramenta que alavanque o negócio do seu cliente.

Como você pode alavancar o negócio do seu cliente?

A importância de um vendedor de commodities agir como um consultor para seus clientes está em fornecer um valor adicional que vá além do produto em si. Quando o vendedor entende profundamente o negócio do cliente, ele pode identificar oportunidades para alavancar o negócio e aumentar a lucratividade do cliente. Isso cria uma relação de confiança e lealdade, uma vez que o cliente percebe que o vendedor não está apenas interessado em vender produtos, mas em ajudá-lo a ter sucesso.

De acordo com um artigo publicado na Forbes:

"Os melhores vendedores são aqueles que criam valor além do produto em si. Eles trazem uma nova perspectiva, compartilham ideias e recursos úteis e ajudam os clientes a pensarem de forma diferente".

Quando o vendedor age como um consultor e identifica oportunidades para o cliente crescer, ele demonstra um interesse genuíno no sucesso do cliente, criando uma relação de confiança e aumentando a probabilidade de uma venda bem-sucedida.

Um exemplo de como um vendedor de commodities pode agir como consultor é identificar oportunidades para o cliente reduzir seus custos operacionais. Se o vendedor entende os processos de produção do cliente, pode identificar ineficiências e recomendar produtos que ajudem a reduzir os custos. Isso não apenas ajuda o cliente a economizar dinheiro, mas também a ser mais competitivo no mercado.

Outro exemplo é identificar oportunidades para o cliente aumentar sua produtividade e eficiência. Se o vendedor entende os desafios que o cliente enfrenta em sua operação, pode recomendar produtos que ajudem a aumentar a produtividade e melhorar a eficiência. Isso não apenas ajuda o cliente a produzir mais com menos recursos, mas também a ser mais competitivo no mercado.

Sendo assim, quando o vendedor de commodities age como um consultor e identifica oportunidades para o cliente crescer, ele cria um valor adicional que vai além do produto em si. Isso ajuda a construir uma relação de confiança e lealdade com o cliente, aumentando a probabilidade de uma venda bem-sucedida. O preço do produto passa a ser um fator menos importante, uma vez que o cliente percebe que está comprando não apenas um produto, mas uma parceria de sucesso. E isso acontecerá mais facilmente se esse posicionamento como consultor do cliente estiver claro para você e para seus clientes.

Qual a sua *Unique Selling Proposition?*

Unique Selling Proposition (USP) é um conceito de marketing que se refere a uma proposição única de venda, ou seja, uma característica ou benefício exclusivo que um produto ou serviço oferece em relação à concorrência. A USP é utilizada para destacar um produto ou serviço no mercado, enfatizando suas vantagens competitivas e tornando-o mais atraente para os consumidores.

Para um vendedor de commodities, a USP é uma ferramenta importante de diferenciação. Como esses produtos são amplamente disponíveis no mercado, é fundamental que o vendedor tenha uma proposta única de venda para destacar-se da concorrência. Além disso, a USP ajuda a criar valor para o produto ou serviço, permitindo que o vendedor cobre preços mais elevados do que a concorrência.

Para desenvolver uma USP eficaz, é necessário entender as necessidades e desejos do cliente, bem como as limitações da concorrência (se você chegou até aqui neste livro é porque já sabe a resposta para esses itens, não é mesmo?). A partir disso, é possível identificar características ou benefícios exclusivos que o produto ou serviço oferece e que são valorizados pelo cliente. Essa proposta única de venda deve ser clara, simples e fácil de comunicar ao público-alvo.

Como um exemplo de USP para um vendedor de commodities, podemos considerar um fornecedor de café que oferece um produto com grãos exclusivamente cultivados em uma região específica, com sabor e aroma únicos. Esse pode ser um diferencial importante para destacar-se da concorrência e atrair clientes que valorizam a qualidade e a exclusividade. Outro exemplo pode ser um fornecedor de carne que oferece cortes específicos, com garantia de procedência e qualidade superior, o que pode ser valorizado por consumidores que buscam uma alimentação saudável e sustentável. Veja que a USP busca solucionar problemas e necessidades que foram detectadas no público-alvo.

Vale ressaltar que, eventualmente, quando seus produtos não permitirem mesmo qualquer tipo de diferenciação, sua USP pode ser construída ao redor de sua qualidade de atendimento, velocidade de entrega, parceria na aplicação e uso dos produtos, entre outros.

A USP é uma ferramenta importante para diferenciar um produto ou serviço da concorrência e criar valor para o cliente. No caso de um vendedor de commodities, a USP é fundamental para destacar-se no mercado e obter sucesso nas vendas.

Exercitando

Hora de refletir e colocar em prática o que você aprendeu até aqui. Anote abaixo (ou em um papel a parte):

1. O que você entendeu do conteúdo até aqui?
2. Como você usará o que leu até aqui, na prática, em seu processo de venda?

Capítulo 4

CONHEÇA PROFUNDAMENTE SEUS CONCORRENTES

Para se destacar no mercado e oferecer soluções melhores para os clientes, outro aspecto fundamental que o vendedor de commodities conheça profundamente, são seus concorrentes. Isso inclui diversos aspectos, tais como:

1. Produtos: é importante que o vendedor conheça a linha de produtos oferecida pelos concorrentes, suas características, benefícios e preços.

2. Estratégias de marketing: é essencial entender como os concorrentes estão divulgando seus produtos, em quais canais de comunicação eles estão investindo e qual mensagem estão transmitindo.

3. Público-alvo: conhecer o perfil dos clientes que seus concorrentes estão atendendo é uma forma de identificar oportunidades de negócio ainda não exploradas e criar estratégias para conquistar esses clientes.

4. Preços: entender a política de preços dos concorrentes pode ajudar a identificar se os preços praticados pela empresa estão competitivos ou se há espaço para oferecer valores mais atrativos.

5. USP: assim como você tem sua *Unique Selling Proposition*, seu concorrente tem a dele. Qual será?

Para adquirir esses conhecimentos, o vendedor pode utilizar diversas estratégias, tais como:

1. Pesquisa de mercado: realizar pesquisas para identificar quais são os principais concorrentes e o que eles estão oferecendo aos clientes.

2. Acompanhamento das redes sociais: acompanhar as redes sociais dos concorrentes para identificar suas estratégias de marketing e interação com os clientes.

3. Participação em eventos do setor: participar de eventos do setor para conhecer as tendências e novidades do mercado, além de identificar os principais concorrentes.

4. Visitas a lojas dos concorrentes: fazer visitas às lojas dos concorrentes para conhecer seus produtos e a estratégia de atendimento ao cliente.

5. Clientes parceiros: todo vendedor tem alguns clientes super parceiros que podem fornecer informações sobre seus concorrentes para você. Basta perguntar com cuidado para não soar antiético.

Um exemplo prático seria um vendedor de café que, para conhecer seus concorrentes, realiza uma pesquisa de mercado para identificar quais são as marcas mais vendidas na região em que atua. Depois, ele acompanha as redes sociais dessas marcas para entender a estratégia de marketing utilizada e as interações com os clientes. Em seguida, ele visita as lojas dos concorrentes para conhecer seus produtos e preços, além de observar a estratégia de atendimento ao cliente. Com base nesses conhecimentos, ele pode criar estratégias para se destacar no mercado, como oferecer um prazo de pagamento mais atrativo ou investir em marketing digital para conquistar clientes que não estão sendo atendidos por seus concorrentes.

Você precisará oferecer, pelo menos, o mesmo que eles

Em algumas situações, você realmente não tem diferenciais que superem seus concorrentes. Nesses casos oferecer, pelo menos, o mesmo que os concorrentes é uma prática essencial para que o vendedor de commodities mantenha-se competitivo no mercado. Isso significa que o vendedor precisa garantir que seus produtos tenham a mesma qualidade, preço, prazo de entrega e demais atributos que os produtos de seus concorrentes.

Se um concorrente oferece um produto de qualidade superior, com prazos de entrega menores e um preço mais atrativo, por exemplo, o vendedor de commodities precisa, no mínimo, igualar essas condições para não perder a venda.

Um exemplo prático é o mercado de grãos. Se um comprador está comparando os preços e prazos de entrega de diferentes fornecedores, o vendedor precisa oferecer, no mínimo, as mesmas condições que seus concorrentes. Se o vendedor oferecer preços mais altos e prazos de entrega mais longos do que seus concorrentes, é provável que ele perca a venda para outro fornecedor.

Contudo, é importante destacar que, se você estiver passando por isso, precisa levar essa informação para dentro de sua empresa para que tomem ações amplas para lidar com isso. Você vendedor, quando está na frente do cliente tentando uma venda, tomar a decisão de baixar o preço do seu produto, por ter descoberto naquele momento, que seu concorrente está oferecendo algo melhor, não é o caminho ideal.

Se não oferece, movimente-se internamente para oferecer (Não está em seu poder, mas você pode influenciar)

Caso um vendedor de commodities não ofereça, no mínimo, o mesmo que seus concorrentes, ele pode perder clientes em potencial e ter dificuldades em manter os clientes existentes. Para evitar essa situação, o vendedor pode tomar algumas medidas, tais como:

1. Identificar as falhas no seu produto ou serviço em relação aos concorrentes: O vendedor precisa identificar quais são as deficiências do seu produto ou serviço em relação aos seus concorrentes e trabalhar para corrigi-las.

2. Adotar uma abordagem de diferenciação: O vendedor pode buscar formas de se diferenciar dos concorrentes, oferecendo algo que nenhum dos seus concorrentes oferece ou promovendo um diferencial no atendimento.

3. Reduzir o preço: Uma opção seria reduzir o preço para tornar o produto ou serviço mais atraente em relação aos concorrentes, mas como já apontado, esse caminho não é nem de perto o melhor a ser tomado.

4. Investir em marketing: O vendedor pode investir em campanhas de marketing para destacar as vantagens do seu produto ou serviço em relação aos concorrentes.

5. Buscar novos mercados: Caso o mercado atual esteja saturado, o vendedor pode buscar novos mercados onde o seu produto ou serviço seja mais valorizado ou ainda não esteja sendo oferecido pelos concorrentes.

É importante ressaltar que a melhor estratégia pode variar de acordo com a situação e o mercado em que o vendedor está atuando.

Também é importante ressaltar que, no mercado atual altamente competitivo, não oferecer pelo menos o mesmo que seus concorrentes, pode ser fatal para o negócio de um vendedor de commodities. Os clientes têm diversas opções de fornecedores para escolher e, se um vendedor não oferecer o que os concorrentes oferecem, o cliente simplesmente irá escolher outra opção.

Caso o vendedor não possua a capacidade ou recursos para oferecer o mesmo que seus concorrentes, é crucial que ele comece a tomar medidas internas para atender às necessidades do mercado. Isso pode incluir investimentos em tecnologia, treinamento de funcionários ou estratégias de marketing mais agressivas. O importante é que o vendedor esteja sempre buscando formas de melhorar e se adaptar às demandas do mercado.

Caso o vendedor não esteja em posição de tomar essas medidas sozinho, é importante que ele tente influenciar as partes envolvidas na empresa para tomar as medidas necessárias. Por exemplo, ele pode apresentar uma análise de mercado detalhada e convencer seus superiores de que é essencial investir em novas tecnologias ou capacitar a equipe de vendas para melhor atender aos clientes.

Em resumo, é fundamental que o vendedor de commodities esteja sempre ciente das demandas do mercado e esteja disposto a investir em melhorias contínuas para garantir a satisfação dos clientes e manter-se competitivo no mercado.

Ofereça algo que eles não têm e que seja mais valioso do que o que você não tem

Em algumas situações, pode ser que o vendedor de commodities não possa oferecer o mesmo que seus concorrentes, mesmo após todo esforço de influenciar a empresa a mudar suas políticas internas. Nesses casos, uma opção é buscar oferecer algo que os concorrentes não têm e que seja mais valioso do que o que o vendedor não pode oferecer.

Para isso, o vendedor deve conhecer bem o mercado e seus concorrentes, identificando oportunidades de lacunas que ainda não foram preenchidas pelos produtos oferecidos por seus concorrentes. Além disso, é importante que o vendedor conheça profundamente os clientes, entendendo suas dores, necessidades e desejos. Dessa forma, poderá oferecer soluções personalizadas que sejam realmente relevantes para cada cliente, destacando-se da concorrência.

Outro ponto importante é que o vendedor precisa estar constantemente atualizado sobre as tendências do mercado e as novidades em sua área de atuação, buscando sempre inovar e oferecer soluções diferenciadas. Isso pode ser feito por meio de cursos, workshops, participação em eventos do setor e por meio de uma rede de contatos com outros profissionais da área.

Ao oferecer algo que os concorrentes não têm e que seja mais valioso do que o que o vendedor não pode oferecer, o vendedor pode conquistar novos clientes e fidelizar os já existentes. Além disso, pode se destacar no mercado e se tornar referência em sua área de atuação. No entanto, é importante que o vendedor esteja atento para não oferecer algo que seja irrelevante para os clientes ou que não esteja alinhado com suas necessidades e desejos.

Exercitando

Hora de refletir e colocar em prática o que você aprendeu até aqui. Anote abaixo (ou em um papel a parte):

1.O que você entendeu do conteúdo até aqui?
2.Como você usará o que leu até aqui, na prática, em seu processo de venda?

Capítulo 5

DESPERTE A CONFIANÇA DE SEUS CLIENTES

A confiança é um dos principais fatores que levam um cliente a fechar uma venda. Quando se trata de vender commodities, criar confiança é ainda mais crucial, pois o cliente precisa confiar na qualidade do produto e no fornecedor para garantir uma transação bem-sucedida.

Segundo a teoria do desenvolvimento de confiança, para que a confiança seja estabelecida, é necessário que haja três elementos principais: competência, honestidade e benevolência. O cliente precisa acreditar que o vendedor é competente, ou seja, possui conhecimento e habilidades necessárias para atender às suas necessidades. Além disso, ele precisa acreditar na honestidade do vendedor e que ele está disposto a fazer o que é certo para o cliente, mesmo que isso signifique perder a venda. Por fim, o cliente precisa sentir que o vendedor tem boas intenções, ou seja, que ele se importa com o bem-estar do cliente e não está apenas preocupado em fechar a venda.

De acordo com o livro "A Velocidade da Confiança", de Stephen M. R. Covey, a confiança é a base de qualquer relacionamento, seja pessoal ou profissional. No ambiente de vendas, a confiança é fundamental para se estabelecer uma relação duradoura e rentável com o cliente. Covey argumenta que a confiança é um fator crítico de sucesso em vendas e pode ajudar a criar um ambiente propício para fechamento de novos negócios.

Para desenvolver a confiança com o cliente, é necessário seguir um processo consistente e dedicado. O primeiro passo é mostrar-se comprometido com a satisfação do cliente e sempre buscar entender suas necessidades e expectativas. O segundo passo é agir com integridade e ética, cumprindo com todas as promessas e mantendo a transparência em todas as etapas do processo de vendas. Em terceiro lugar, é importante ser transparente e honesto sobre as limitações do produto, para que o cliente tenha uma expectativa realista sobre o que ele pode oferecer. Por fim, é preciso criar um ambiente de confiança, demonstrando interesse genuíno pelo sucesso do cliente e estando disponível para ajudá-lo em todas as etapas do processo.

Em resumo, a confiança é essencial para a venda de commodities, e é necessário seguir um processo consistente e dedicado para desenvolvê-la. Para isso, é importante ser comprometido com a satisfação do cliente, agir com integridade e ética, ser transparente e criar um ambiente de confiança. Ao seguir esses passos, o vendedor de commodities pode estabelecer relações duradouras e rentáveis com seus clientes.

O livro "A Velocidade da Confiança" apresenta 13 elementos da confiança, que são essenciais para o desenvolvimento de relações confiáveis e duradouras, tanto na vida pessoal quanto profissional. Esses elementos são fundamentais para o sucesso de qualquer negócio, e sua aplicação pode trazer resultados expressivos para a empresa.

O **primeiro elemento** da confiança é a integridade, que significa ser honesto e ter princípios éticos. A integridade é a base da confiança e sem ela é impossível estabelecer uma relação duradoura com o cliente.

O **segundo elemento** é a maturidade, que se refere à capacidade de assumir responsabilidades e manter compromissos. Um vendedor confiável é aquele que cumpre o que promete e assume suas responsabilidades.

O **terceiro elemento** é a competência, que envolve o conhecimento e habilidades necessárias para realizar um trabalho de forma eficiente e eficaz. Um vendedor competente é aquele que conhece bem seus produtos e serviços e é capaz de ajudar o cliente a tomar a melhor decisão de compra.

O **quarto elemento** é a capacidade de gerar resultados, ou seja, a habilidade de entregar o que foi prometido. Um vendedor confiável é aquele que gera resultados para o cliente, contribuindo para o seu sucesso.

O **quinto elemento** é a atitude, que se refere à forma como o vendedor se comporta e trata seus clientes. Uma atitude positiva, empática e respeitosa é fundamental para a construção da confiança.

O **sexto elemento** é a humildade, que envolve reconhecer as próprias limitações e estar disposto a aprender com os outros. Um vendedor humilde é aquele que busca sempre melhorar e aprender para oferecer um serviço cada vez melhor.

O **sétimo elemento** é a abertura, que se refere à capacidade de ouvir o cliente e estar aberto a suas sugestões e críticas. Um vendedor aberto é aquele que valoriza o feedback do cliente e está disposto a ajustar sua oferta de acordo com suas necessidades.

O **oitavo elemento** é a transparência, que significa ser honesto e sincero em todas as interações com o cliente. A transparência é fundamental para a construção da confiança e evita mal-entendidos e conflitos.

O **nono elemento** é a coerência, que se refere à consistência entre o que se diz e o que se faz. Um vendedor coerente é aquele que age de acordo com seus valores e princípios, mantendo sempre uma postura ética e íntegra.

O **décimo elemento** é a comunicação clara, que envolve a habilidade de se expressar de forma clara e objetiva. Uma comunicação clara é fundamental para evitar mal-entendidos e garantir que o cliente compreenda a oferta de forma completa e precisa.

O **décimo primeiro elemento** é o respeito, que se refere à capacidade de tratar o cliente com dignidade e consideração. O respeito é fundamental para a construção de relações saudáveis e duradouras.

O **décimo segundo elemento** é a capacidade de estender confiança. Ou seja, é importante não apenas confiar nos outros, mas também ser confiável o suficiente para que os outros confiem em você. Isso envolve a habilidade de delegar, de permitir que outras pessoas tomem decisões e ajam de acordo com suas próprias habilidades e competências, sem a necessidade de controle excessivo. A extensão da confiança também envolve dar feedback construtivo e efetivo, para que as pessoas possam melhorar e crescer em suas habilidades e competências, aumentando sua capacidade de confiança.

O **décimo terceiro e último elemento** é o legado da confiança. Isso se refere ao impacto que sua confiança tem nos outros e na sociedade como um todo. A maneira como você vive sua vida, como você trata as pessoas e como você age em relação a questões éticas e morais, tem um impacto duradouro na confiança que as pessoas depositam em você e nas suas ações. Deixar um legado de confiança significa ser um líder que inspira e motiva as pessoas a se tornarem a melhor versão de si mesmas, e a construir relacionamentos duradouros e significativos.

Os 13 elementos da confiança apresentados no livro "A Velocidade da Confiança" demonstram a complexidade e a importância desse valor em nossas vidas pessoais e profissionais. Para desenvolver a confiança em si mesmo e nos outros, é preciso trabalhar em cada um desses elementos de forma consistente e contínua, construindo relacionamentos sólidos e duradouros baseados na transparência, honestidade, credibilidade e confiabilidade. A confiança é uma moeda valiosa que pode abrir portas e construir pontes em nossas vidas, e quanto mais a desenvolvemos, mais capazes somos de alcançar nossos objetivos e realizar nossos sonhos.

Um vendedor que pretende se posicionar como consultor, precisa desenvolver a confiança do cliente em si e os 13 elementos da confiança são um excelente caminho para conseguir esse objetivo.

Uma vez que o cliente confie em você, dois objetivos fundamentais estarão atingidos: o primeiro é obter um dos dois pilares fundamentais de uma venda, a confiança (o outro pilar é a demonstração do valor do produto); o segundo é criar saldo positivo em sua conta de confiança, para usar quando (e se) algum problema ocorrer durante a venda ou algum outro processo decorrente da venda.

Use os problemas que acontecem no campo para mostrar o seu valor

Quando um problema surge na venda de commodities, muitos vendedores se sentem pressionados e ansiosos, tentando solucionar o problema o mais rápido possível. No entanto, esse momento de tensão é também uma grande oportunidade para demonstrar o seu valor como vendedor e o valor da sua empresa.

Um vendedor que se apresenta como um consultor e que entende profundamente o negócio do cliente, pode oferecer soluções criativas para o problema, destacando o valor de sua empresa e fortalecendo a confiança do cliente. Por exemplo, se um cliente tem um problema de logística, um vendedor de commodities pode oferecer soluções que envolvam desde a escolha do transporte mais eficiente até a melhoria do armazenamento dos produtos.

Essa abordagem demonstra que o vendedor não está apenas preocupado em fechar a venda, mas sim em garantir que o cliente esteja satisfeito e que seu negócio possa prosperar. Mostra também que o vendedor tem conhecimento do mercado e está atento às necessidades do cliente, podendo oferecer soluções personalizadas que agregam valor.

Ao enfrentar problemas com profissionalismo e criatividade, o vendedor de commodities pode transformar uma situação negativa em uma oportunidade para destacar o valor da sua empresa e se tornar ainda mais essencial para o cliente.

Para clarificar o que estou propondo, veja o exemplo da Netflix.

Em 2011, a Netflix tomou a decisão controversa de separar seus serviços de transmissão de vídeo e DVDs, criando dois planos de assinatura distintos. Além disso, o aumento de preços associado a esses planos gerou uma reação negativa significativa dos clientes.

Ao perceber a insatisfação generalizada, a Netflix reconheceu prontamente o erro e emitiu um pedido de desculpas público. O CEO da empresa na época, Reed Hastings, reconheceu a falta de comunicação eficaz e explicou as mudanças de maneira transparente. Posteriormente, a Netflix tomou medidas para corrigir a situação, revertendo a decisão de separar os serviços e, em seguida, mantendo os dois serviços sob um único nome.

Essa abordagem transparente, combinada com ações concretas para corrigir o problema, contribuiu para reconquistar a confiança dos clientes. A Netflix não apenas aprendeu com o erro, mas também transformou a situação em uma oportunidade para fortalecer seu compromisso com a satisfação do cliente, destacando a importância da comunicação eficaz e da capacidade de se adaptar às necessidades dos clientes.

Mas e no mercado de commodities, isso é possível? Sim. Aqui estão dois exemplos de como um problema pode ser usado como oportunidade para mostrar o valor como vendedor de commodities:

1. Imagine que o cliente enfrentou atrasos na entrega dos produtos que adquiriu de você. Reconhecendo a importância da pontualidade, você aborda a situação proativamente. Em vez de se esquivar do problema, você assume a responsabilidade pelos atrasos e oferece soluções imediatas, como opções de entrega expressa ou descontos significativos na próxima compra. Ao agir com transparência e eficácia para resolver a questão, você não apenas recupera a confiança do cliente, mas também destaca seu compromisso com a excelência no serviço.

2. Imagine que o cliente, ao utilizar os produtos fornecidos por você, notou uma inconsistência na qualidade ou desempenho. Em vez de ignorar ou minimizar o problema, você como vendedor de commodities toma uma abordagem proativa. Ao ser informado sobre as preocupações do cliente, você realiza uma análise aprofundada, identificando possíveis áreas de melhoria. Em seguida, apresenta ao cliente um plano abrangente de ações corretivas, que podem incluir a substituição imediata dos produtos, revisões nos processos de fabricação e um compromisso com padrões de qualidade mais rigorosos. Essa abordagem não apenas resolve o problema inicial, mas também destaca seu compromisso com a qualidade e satisfação do cliente.

Faça com que seus clientes liguem para você para ter conselhos mesmo quando irão comprar de seu concorrente

O papel do vendedor consultivo é ser o parceiro de confiança do cliente, que ajuda a identificar e resolver problemas, mesmo quando isso não envolve diretamente a venda de seus produtos. É importante para o vendedor de commodities estabelecer uma relação sólida de confiança com seus clientes, para que se sintam à vontade para pedir conselhos e recomendações, mesmo quando decidem comprar de outro fornecedor.

Quando o vendedor age como um consultor, e não apenas como um vendedor de commodities, ele pode agregar valor para o cliente de diversas formas. É necessário que o vendedor esteja disponível para atender as necessidades do cliente, mesmo que não sejam diretamente relacionadas aos seus produtos, a fim de criar um relacionamento sólido e duradouro.

O fato de o cliente confiar e valorizar o conselho do vendedor, mesmo quando opta por comprar de um concorrente, é um sinal claro de que o vendedor está fazendo um ótimo trabalho em construir uma relação de confiança. Quando o cliente confia no vendedor, ele se torna mais propenso a voltar para ele no futuro, e talvez até mesmo para recomendar seus serviços a outros.

Um exemplo de como isso funciona na prática é uma situação em que um vendedor de produtos agrícolas ofereceu conselhos a um cliente sobre o plantio de milho, embora o cliente tenha decidido comprar sementes de outro fornecedor. Mais tarde, o cliente entrou em contato com o vendedor para agradecer-lhe pelo conselho, e o vendedor se tornou o fornecedor preferido do cliente para outros produtos agrícolas. Esse é apenas um exemplo de como a confiança construída com base em conselhos valiosos pode se transformar em negócios futuros.

Exercitando

Hora de refletir e colocar em prática o que você aprendeu até aqui. Anote abaixo (ou em um papel a parte):

1.O que você entendeu do conteúdo até aqui?
2.Como você usará o que leu até aqui, na prática, em seu processo de venda?

Capítulo 6

RELACIONAMENTO É IMPORTANTE, MAS NÃO COMO VOCÊ PENSA

Quando se fala em vendas, muitos vendedores pensam em relacionamento como o fator mais importante para conquistar e manter clientes. Afinal, criar um bom relacionamento é essencial para gerar confiança, fidelizar e até mesmo conseguir indicações de novos negócios. Porém, no mundo real, a importância do relacionamento é relativa e existem outros fatores que são tão importantes quanto ou até mais do que a relação com o cliente. Nesse capítulo, vamos explorar essa questão e mostrar como o relacionamento pode ser um critério de desempate, mas não é o único fator decisivo para o cliente.

Relacionamento é mais critério de desempate do que de decisão

Ao vender commodities, o relacionamento é um fator importante, mas não o único decisivo para o cliente. Outros critérios como preço, qualidade, disponibilidade do produto e cumprimento de prazos são igualmente importantes. Na hora de decidir de quem comprar, o cliente irá avaliar esses fatores e, caso fique em dúvida, ele irá escolher aquele com quem tem uma relação mais próxima e de confiança. Porém, se a diferença entre os concorrentes é grande em termos de qualidade, preço ou prazo, mesmo que o cliente tenha um relacionamento mais próximo com um dos fornecedores, ele irá escolher aquele que atenderá melhor às suas necessidades.

Por exemplo, imagine que uma indústria precisa comprar 100 toneladas de aço. O vendedor A tem um relacionamento muito bom com o comprador da indústria, mas seu preço é 10% mais alto do que o vendedor B, que não tem uma relação tão próxima com o comprador, mas consegue entregar o produto com mais rapidez e tem um histórico de qualidade melhor. Nesse caso, o comprador pode até ter uma preferência pelo vendedor A, mas irá escolher o vendedor B por causa das vantagens em termos de preço, qualidade e prazo.

Porém, se o cliente não gostar de você, ele não comprará

Apesar de não ser o único fator decisivo, o relacionamento ainda é importante no mundo das commodities. Isso porque, como já mencionado, ele pode ser um critério de desempate em uma disputa entre dois fornecedores com preços e prazos similares. Além disso, é importante lembrar que o cliente só irá considerar os outros fatores se já tiver uma relação de confiança com o vendedor. Se o vendedor não conquistar a simpatia e a confiança do cliente, nem mesmo terá a oportunidade de mostrar que é competitivo em termos de preço e qualidade.

Por isso, é fundamental que o vendedor de commodities invista em construir um relacionamento de confiança com seus clientes. Isso não significa apenas ser simpático e agradável, mas também ter conhecimento profundo do negócio do cliente, oferecer soluções personalizadas e estar disponível para ajudar em qualquer momento. Um vendedor que é visto como um consultor confiável e que está sempre disposto a ajudar terá uma vantagem competitiva em relação aos seus concorrentes

E como fazer alguém gostar de você?

Fazer alguém gostar de nós pode parecer algo subjetivo e difícil de ser alcançado, mas existem algumas teorias e técnicas que podem nos ajudar nessa missão, tanto no nosso dia a dia quanto no mundo das vendas.

Uma das teorias mais conhecidas é a Teoria da Atração, proposta por Ellen Berscheid e Elaine Walster. De acordo com essa teoria, a atração entre duas pessoas é baseada em três fatores principais:

a proximidade física, a semelhança entre as pessoas e o grau de familiaridade.

A proximidade física é um fator importante para a atração, pois quanto mais próximas as pessoas estão, maior é a chance de desenvolverem um relacionamento. Isso acontece porque a proximidade física aumenta as oportunidades de interação e de conhecer melhor a outra pessoa. Logo, o vendedor que só visita o cliente quando precisa vender algo para ele, está perdendo a chance de aumentar a sensação de proximidade física com o cliente.

Outro fator importante é a semelhança entre as pessoas. A tendência é que nos atraiam pessoas que tenham interesses, valores e crenças semelhantes aos nossos. Isso porque a semelhança pode gerar uma sensação de conforto e familiaridade.

Uma das formas de ganhar pontos quanto à semelhança com o cliente é buscar se parecer com ele quanto ao maior número possível de itens. Por exemplo, você pode tentar usar as mesmas palavras que ele usa, usar um tipo de roupa parecida com o tipo de roupa que seus clientes usam, conversar sobre temas que ele gosta, entre outras muitas possibilidades. O cuidado fundamental aqui é não ser falso. A falsidade pode ser facilmente detectada. Então, entre todas as possibilidades que você tem de se parecer com o cliente, escolha aquelas às quais você realmente tenha preferência.

O grau de familiaridade também é um fator importante na atração. É mais comum nos sentirmos atraídos por pessoas que conhecemos há mais tempo e com as quais temos uma história em comum. Logo, o vendedor que está mais presente no cliente, que mantém uma relação de longo prazo com o mesmo e, mais importante, que se mantém na mente do cliente, seja visitando-o, enviando pequenos presentes (tais como cartões de Natal, felicitações de aniversário, por exemplo.) ou de qualquer outra forma; aumenta o nível de familiaridade com o cliente.

Além da Teoria da Atração, outras teorias e técnicas podem ser úteis para fazer alguém gostar de nós. Uma delas é a técnica do espelhamento, que consiste em imitar sutilmente a postura, gestos e expressões faciais da outra pessoa. Isso pode gerar uma sensação de empatia e familiaridade, contribuindo para o estabelecimento de um vínculo mais forte.

Outra técnica é a escuta ativa, que consiste em prestar atenção genuína ao que o outro está

ATENÇÃO: Quando cito o uso de pequenos presentes, não estou falando necessariamente de algo de valor financeiro, mas sim de valor emocional. Lembre-se sempre de considerar as regras de compliance de sua empresa.

dizendo, mostrando interesse e empatia pelo seu ponto de vista. Isso pode ajudar a criar um ambiente de confiança e respeito, fundamentais para o desenvolvimento de um relacionamento duradouro.

No mundo das vendas, a escuta ativa pode ser especialmente útil para entender as necessidades e desejos do cliente, permitindo que o vendedor ofereça soluções mais adequadas e personalizadas.

Por fim, é importante destacar que o relacionamento não deve ser o único critério de escolha do cliente na hora de fazer uma compra. Fatores como qualidade do produto, preço, prazo de entrega e reputação da empresa também devem ser levados em conta. No entanto, um relacionamento forte e baseado na confiança pode ser o diferencial que leva o cliente a escolher um determinado fornecedor em detrimento dos demais.

Fazer alguém gostar de nós pode ser uma tarefa desafiadora, mas não impossível. A Teoria da Atração, a técnica do espelhamento e a escuta ativa são algumas das teorias e técnicas que podem nos ajudar nessa missão, tanto no nosso dia a dia quanto no mundo das vendas. No entanto, é importante lembrar que o relacionamento não deve ser o único critério de decisão do cliente, mas sim um elemento que pode contribuir para a construção de um vínculo mais forte e duradouro.

De acordo com pesquisas e estudos na área da psicologia, o vendedor também pode lançar mão da "teoria da similaridade", que aponta que as pessoas tendem a se sentir mais atraídas por outras que compartilham características e interesses semelhantes às suas.

Além disso, a "teoria da reciprocidade" também é uma estratégia que pode ser utilizada para fazer alguém gostar de você. Segundo essa teoria, quando alguém faz algo positivo por nós, temos a tendência de querer retribuir esse gesto de alguma forma. Por isso, oferecer ajuda ou elogios sinceros pode ser uma maneira de conquistar a simpatia dos outros.

Outra estratégia que pode ser utilizada para fazer alguém gostar de você é a "teoria da consistência", que aponta que as pessoas tendem a gostar de quem se comporta de maneira coerente e consistente ao longo do tempo. Isso significa que, se você se mostra sempre prestativo e atencioso, por exemplo, as chances de conquistar a simpatia dos outros aumentam.

Mas não basta apenas utilizar essas estratégias de forma mecânica. Para que elas realmente funcionem, é importante ser genuíno e autêntico em suas interações com as pessoas. Afinal, quando alguém percebe que você está sendo falso ou forçado, a simpatia pode rapidamente se transformar em antipatia.

No mundo das vendas, fazer com que os clientes gostem de você pode ser um fator decisivo para fechar negócios e fidelizar clientes. Mas como aplicar essas estratégias de forma efetiva nesse contexto?

Uma maneira de fazer isso é através do atendimento personalizado e da empatia. Quando um vendedor se mostra interessado nas necessidades e interesses do cliente, demonstra que está disposto a ajudá-lo de maneira sincera e genuína. Isso pode ser um fator determinante para que o cliente escolha fechar negócio com esse vendedor, mesmo que haja outros concorrentes que ofereçam produtos similares.

Além disso, o vendedor pode utilizar a estratégia da reciprocidade oferecendo algo de valor para o cliente, como um conteúdo informativo ou uma dica útil. Isso pode gerar uma sensação de gratidão no cliente, aumentando as chances de ele escolher comprar com esse vendedor.

Outra maneira de fazer com que os clientes gostem de você é através da consistência e da confiabilidade. Quando um vendedor cumpre com suas promessas e mantém uma comunicação clara e transparente com o cliente, ele demonstra ser um profissional confiável e comprometido. Isso pode gerar uma sensação de segurança no cliente, aumentando as chances de ele se sentir mais à vontade para fechar negócios com esse vendedor.

Pessoas gostam de quem gosta delas

De acordo com a psicologia social, as pessoas tendem a gostar mais de quem demonstra gostar delas. Isso pode ser explicado por diferentes teorias e conceitos.

Uma dessas teorias é a Teoria da Reciprocidade, proposta por Robert Cialdini. Segundo essa teoria, as pessoas têm uma tendência natural a retribuir aquilo que recebem dos outros. Quando alguém demonstra gostar de nós, temos uma tendência a gostar dessa pessoa também, como uma forma de retribuição.

Outra teoria que corrobora essa ideia é a Teoria da Auto validação, proposta por Mark Snyder. De acordo com essa teoria, quando alguém nos trata de forma positiva e nos elogia, isso reforça a nossa autoimagem e aumenta a nossa autoestima. Isso nos faz sentir bem e, consequentemente, gostar mais da pessoa que nos elogiou.

Além disso, a Teoria do Condicionamento Operante, de B.F. Skinner, também pode explicar por que gostamos de pessoas que demonstram gostar de nós. De acordo com essa teoria, o comportamento de uma pessoa é influenciado pelas consequências que esse comportamento traz. Quando alguém demonstra gostar de nós, isso pode ser visto como uma consequência positiva, o que reforça o comportamento de gostar dessa pessoa.

No mundo das vendas, essas teorias podem ser aplicadas de diversas maneiras. Quando um vendedor demonstra interesse genuíno no cliente e em suas necessidades, o cliente tende a gostar mais do vendedor e a estabelecer um relacionamento mais próximo e duradouro. Além disso, quando o vendedor faz elogios sinceros ao cliente, isso pode reforçar a autoimagem do cliente e fazê-lo se sentir mais confiante e seguro, o que pode levar a uma relação mais positiva com o vendedor.

Porém, é importante ressaltar novamente que essa estratégia deve ser genuína e baseada em um interesse real pelo cliente. Caso contrário, pode ser percebida como falsa e manipulativa, o que pode prejudicar a relação com o cliente.

As teorias da psicologia social indicam que as pessoas tendem a gostar mais de quem demonstra gostar delas. Mas, para que você possa demonstrar que gosta de seu cliente, precisa ser capaz de se adequar às preferências e jeito de ser dele. Um dos requisitos para conseguir isso é entender essas preferências e jeito de ser.

Um bom vendedor consegue descobrir esses aspectos aprendendo a "ler pessoas".

Leia as pessoas

A habilidade de ler as pessoas é uma das características mais importantes de um vendedor de sucesso. Saber identificar as emoções e os sinais não verbais do cliente pode ajudar a entender as suas necessidades e oferecer soluções mais efetivas.

Uma das teorias mais conhecidas sobre leitura corporal é a Teoria das Microexpressões, desenvolvida por Paul Ekman. Segundo essa teoria, as microexpressões são expressões faciais que duram apenas alguns milissegundos e que são involuntárias, o que significa que elas são uma forma de expressar a verdadeira emoção, sem as máscaras que muitas vezes as pessoas usam para esconder seus verdadeiros sentimentos.

As microexpressões podem ser identificadas em seis emoções básicas: felicidade, tristeza, raiva, medo, desprezo e surpresa. Por exemplo, uma pessoa que está realmente feliz pode apresentar uma microexpressão de sorriso genuíno, com as rugas ao redor dos olhos e a boca levemente aberta.

Outra teoria importante é a Programação Neurolinguística (PNL), que é um conjunto de técnicas e ferramentas que ajudam a compreender e influenciar a comunicação entre as pessoas. A PNL pode ser utilizada para entender a forma como as pessoas se comunicam e para adaptar a sua comunicação de acordo com o perfil do cliente.

Além de prestar atenção aos sinais não verbais do cliente, é importante também prestar atenção em outros aspectos, como o ambiente em que a conversa está acontecendo, a postura do cliente, o tom de voz e a escolha das palavras.

Por exemplo, se o cliente está sentado com os braços cruzados, isso pode indicar que ele está fechado para a conversa ou que está se sentindo desconfortável. Já se o cliente está inclinado para a frente, isso pode indicar que ele está interessado no que está sendo dito e quer ouvir mais.

O tom de voz também pode indicar a emoção do cliente. Uma voz mais alta e agitada pode indicar raiva ou frustração, enquanto uma voz mais baixa e calma pode indicar tristeza ou cansaço.

Em resumo, a leitura das pessoas é uma habilidade essencial para um vendedor de sucesso. Saber identificar as emoções e os sinais não verbais do cliente pode ajudar a entender as suas necessidades e oferecer soluções mais efetivas. Além disso, prestar atenção no ambiente, na postura, no tom de voz e na escolha das palavras do cliente pode ajudar a interpretar a sua emoção e adaptar a sua comunicação de acordo com o perfil do cliente.

Essas duas teorias apresentadas são bastante controversas, mas o ponto fundamental aqui não é tentar adivinhar o que o cliente está sentindo ou pensando de acordo com seu comportamento não verbal, e sim estar atento a esse comportamento e, caso perceba algo estranho, checar isso com o cliente.

Vou dar um exemplo para ficar mais claro. Vamos supor que você está falando com um cliente que está totalmente à vontade em sua frente, conversando de maneira descontraída. Porém, quando você toca no preço do produto, o cliente parece adotar uma fisionomia mais sisuda, cruza os braços, mas diz para você que gostou do preço. Veja que o que ele diz e seu comportamento não verbal parecem não estar em congruência. Nesse caso, você não deve tentar adivinhar o que ele está pensando, e sim perguntar para ele, novamente, o que ele achou do preço e, talvez, até dizer que você notou que ele ficou com a fisionomia mais fechada e, então, ouvir o que o cliente diz.

Perfis de Pessoas

Como já vimos, entender o perfil dos clientes é fundamental para um vendedor de sucesso e pode contribuir muito para essa percepção dos comportamentos não verbais e verbais do cliente. Cada pessoa tem uma forma diferente de pensar e agir, e conhecer essas características pode ajudar o vendedor a criar uma abordagem mais eficaz. Para isso, é preciso utilizar metodologias que dividam os clientes em diferentes perfis.

Uma das metodologias mais conhecidas é a dos quatro domínios de talentos da Gallup, que divide as pessoas em quatro perfis principais: Execução, Pensamento Estratégico, Influência e Construção de Relacionamentos. Já os abordamos, mas vale relembrá-los:

O perfil Execução é caracterizado por pessoas que gostam de executar tarefas e solucionar problemas práticos. Elas são determinadas e têm um forte senso de urgência, o que pode torná-las impacientes em alguns momentos. Os clientes com esse perfil geralmente são objetivos e focados em resultados.

Já o perfil Pensamento Estratégico é formado por pessoas que têm uma habilidade natural para pensar em conceitos abstratos e solucionar problemas complexos. Elas são visionárias e gostam de criar estratégias e planos de ação. Os clientes com esse perfil geralmente são analíticos e gostam de entender os detalhes antes de tomar uma decisão.

O perfil Influência é formado por pessoas que têm uma grande habilidade de persuasão e convencimento. Elas são extrovertidas e comunicativas, o que pode ajudá-las a se conectar com outras pessoas facilmente. Os clientes com esse perfil geralmente são sociáveis e gostam de conversar sobre diferentes assuntos.

Por fim, o perfil Construção de Relacionamentos é formado por pessoas que valorizam os relacionamentos interpessoais e têm uma grande habilidade para criar conexões com outras pessoas. Elas são empáticas e gostam de ajudar os outros. Os clientes com esse perfil geralmente são emocionais e valorizam a confiança e a lealdade.

Para descobrir o perfil do cliente, o vendedor pode utilizar diferentes técnicas, como observação, perguntas estratégicas e análise de comportamento. É importante prestar atenção em como o cliente fala, em sua postura corporal e em suas reações emocionais durante a conversa.

Alguns exemplos de comportamentos de clientes de cada perfil e que o vendedor deve estar atento são:

- **Execução:**
    - Focados em resultados concretos;
    - Extremamente interessados por processos e detalhes;
    - Dispostos a assumir riscos apenas quando calculados;
    - Preferem lidar com fatos e dados concretos.

- **Pensamento Estratégico:**
    - Grandes visões e ideias para o futuro;
    - Tomam decisões baseadas em dados e análises;

- Pensam em longo prazo;
- Dispostos a correr riscos desde que analizados.

- **Influência**:
  - Extrovertidos e comunicativos;
  - Falam com entusiasmo e emoção;
  - Convencem com argumentos e persuasão;
  - Preferem trabalhar com pessoas a coisas.

- **Construção de Relacionamentos:**
  - Focados em criar relacionamentos duradouros e pessoais;
  - Priorizam a empatia e a conexão emocional;
  - Valorizam a lealdade e o compromisso;
  - Dispostos a ouvir e a se adaptar para atender às necessidades do cliente.

Ao identificar o perfil do cliente, o vendedor pode adaptar sua abordagem para se comunicar de forma mais eficaz. Por exemplo, um cliente com perfil Execução pode ser mais receptivo a argumentos objetivos e dados concretos, enquanto um cliente com perfil Influência pode ser mais aberto a argumentos emocionais e histórias inspiradoras.

Além disso, ao conhecer o perfil do cliente, o vendedor pode adaptar seu estilo de comunicação e relacionamento para estabelecer uma conexão mais profunda. Por exemplo, um vendedor com perfil Construção de Relacionamentos pode focar em estabelecer uma conexão emocional com o cliente antes de apresentar sua solução de venda.

Entender o perfil do cliente é fundamental para um vendedor de sucesso. Utilizar metodologias como os quatro domínios de talentos da Gallup pode ajudar a identificar as características principais de cada perfil e adaptar a abordagem de venda para cada tipo de cliente.

Porém, mais importante do que ser capaz de reconhecer o perfil do cliente de acordo com a Gallup, ou outra metodologia, é aprender a ler as pessoas e prestar atenção em seus comportamentos, sem, necessariamente, dar um nome para esses perfis. Isso pode ajudar o vendedor a criar uma conexão mais forte e aumentar as chances de sucesso nas vendas.

Linguagem Corporal

A linguagem corporal é uma forma não verbal de comunicação que pode revelar muito sobre a personalidade, emoções e pensamentos de uma pessoa. Como vendedor, é fundamental entender a importância da linguagem corporal do cliente, pois isso pode ajudar a criar um relacionamento mais forte e a vender mais.

De acordo com a pesquisa de Albert Mehrabian, 93% da comunicação humana é não verbal, o que significa que a maioria das informações que obtemos de uma pessoa vem da sua linguagem corporal e tom de voz, e não das palavras que ela diz. É por isso que é tão importante prestar atenção à linguagem corporal do cliente, pois ela pode fornecer informações valiosas sobre como ele está se sentindo e o que ele realmente quer.

93%

Da comunicação humana é não verbal

Aqui estão alguns exemplos de linguagem corporal e seus significados:

1. **Postura:** A postura de uma pessoa pode revelar sua confiança e estado emocional. Quando uma pessoa está de pé com os ombros para trás e a cabeça erguida, ela geralmente parece mais confiante e assertiva. Por outro lado, uma pessoa que está curvada pode parecer menos confiante e menos envolvida.

2. Expressões faciais: As expressões faciais de uma pessoa podem revelar muito sobre como ela se sente. Um sorriso genuíno pode indicar que a pessoa está feliz ou satisfeita, enquanto uma careta pode indicar desconforto ou insatisfação.

3. Contato visual: O contato visual é uma forma importante de comunicação não verbal. Quando uma pessoa faz contato visual, isso pode indicar interesse ou envolvimento. Por outro lado, evitar o contato visual pode indicar falta de confiança ou desconforto.

4. Gestos: Os gestos que uma pessoa usa ao falar também podem fornecer informações valiosas sobre suas emoções e pensamentos. Por exemplo, uma pessoa que gesticula muito pode estar animada ou entusiasmada, enquanto uma pessoa que cruza os braços pode estar se sentindo defensiva ou desconfortável.

A linguagem corporal também pode ser usada pelo vendedor para gerar ainda mais valor para o cliente. Por exemplo, se um cliente parece desconfortável ou nervoso, o vendedor pode tentar ajustar seu tom de voz e postura para transmitir confiança e calma. Se um cliente parece animado e envolvido, o vendedor pode usar gestos e expressões faciais para enfatizar seus pontos de venda.

Além disso, o vendedor também pode usar a linguagem corporal para identificar as necessidades do cliente e ajustar sua abordagem de venda em conformidade. Por exemplo, se um cliente parece mais focado em resultados e metas, o vendedor pode enfatizar os benefícios práticos do produto ou serviço. Por outro lado, se um cliente parece mais preocupado com relacionamentos e interações interpessoais, o vendedor pode destacar como o produto ou serviço pode melhorar suas relações com outras pessoas.

É importante lembrar que a linguagem corporal deve ser interpretada em conjunto com outras informações, como o que o cliente está dizendo. Isso significa que é fundamental prestar atenção a todo o contexto da conversa, incluindo o ambiente em que ela ocorre e o tom de voz do cliente.

CRM

Um CRM (*Customer Relationship Management*) é um software que tem como objetivo gerenciar a relação entre a empresa e seus clientes. Ele funciona como uma central de informações, armazenando dados importantes dos clientes e fornecendo análises que podem ser usadas para melhorar a qualidade do atendimento.

A principal utilidade de um CRM é permitir que as empresas entendam melhor as necessidades dos seus clientes e, assim, possam oferecer soluções mais eficazes. Além disso, ele ajuda na organização de processos, desde o atendimento até a venda e o pós-venda, melhorando a eficiência do trabalho em equipe.

Dentre as funções que um CRM pode oferecer, destacam-se:

- Armazenamento de dados dos clientes, como histórico de compras, contatos anteriores, informações de contato etc.

- Gestão de oportunidades, que permite ao vendedor controlar o processo de vendas desde a prospecção até o fechamento do negócio.

- Automação de campanhas de marketing, que permite ao vendedor segmentar os clientes de acordo com seus perfis e enviar campanhas específicas para cada grupo.

- Gestão de tickets de suporte, que permite ao vendedor acompanhar o status de cada atendimento e identificar possíveis problemas na equipe de suporte.

Para vendedores gerais, a adoção de um CRM pode ser de grande ajuda para entender melhor o perfil dos clientes e se comunicar com eles de forma mais assertiva. Já para vendedores de commodities, a importância do CRM é ainda maior, pois esses profissionais precisam lidar com uma grande quantidade de clientes, muitas vezes em diferentes regiões, e precisam manter um controle preciso de suas vendas.

Além disso, tudo o que o vendedor descobriu sobre o cliente, como seus perfis e suas necessidades, deve ser registrado no CRM. Essas informações serão úteis para futuros contatos, permitindo uma abordagem mais personalizada e eficiente.

Um exemplo de empresa que utilizou um CRM de forma eficaz é a Salesforce. A empresa implementou uma solução de CRM que permitiu a integração de dados de várias fontes, como e-mails, redes sociais e telefone, em um único lugar. Com isso, a equipe de vendas da Salesforce pôde ter uma visão completa dos clientes e identificar oportunidades de vendas em tempo real, o que resultou em um aumento significativo da receita.

Exercitando

Hora de refletir e colocar em prática o que você aprendeu até aqui. Anote abaixo (ou em um papel a parte):

1.O que você entendeu do conteúdo até aqui?
2.Como você usará o que leu até aqui, na prática, em seu processo de venda?

Capítulo 7

PRODUTO

07

Outro aspecto extremamente importante para o sucesso do vendedor de commodities é o conhecimento profundo do seu próprio produto. Esse conhecimento não se limita apenas às características técnicas do produto, mas ainda mais importante, ao seu valor para o cliente e à forma como ele se encaixa em sua cadeia produtiva.

De acordo com a consultoria McKinsey & Company, o conhecimento do produto é uma das competências fundamentais para a venda de commodities. O vendedor deve ser capaz de responder a todas as perguntas do cliente sobre o produto e suas aplicações, além de identificar oportunidades de melhoria e novas soluções que possam agregar valor para o cliente.

Além disso, segundo a Harvard Business Review, o conhecimento profundo do produto permite que o vendedor faça uma análise mais precisa do mercado, identificando tendências e oportunidades de crescimento. Isso possibilita que o vendedor apresente soluções mais alinhadas às necessidades do cliente e diferenciadas em relação aos concorrentes.

Outra fonte que reforça a importância do conhecimento do produto é a revista Forbes, que destaca a necessidade de que o vendedor de commodities saiba como seu produto se relaciona com outras variáveis de mercado, como a oferta e a demanda, a sazonalidade e as flutuações nos preços das commodities. Essa compreensão ampla do mercado permite que o vendedor tenha uma visão estratégica para a tomada de decisões e a condução de negociações.

O conhecimento do produto é uma das competências mais importantes para o vendedor de commodities. Ele permite que o vendedor ofereça soluções alinhadas às necessidades do cliente, diferenciadas em relação aos concorrentes e adaptadas às condições do mercado. Além disso, o conhecimento do produto permite que o vendedor conduza negociações mais eficazes e desenvolva um relacionamento de longo prazo com o cliente.

Quando o vendedor entende profundamente de seu produto, é comum que se reduza as preocupações sobre como vender uma commodity. Contudo, quando essas preocupações permanecem, frequentemente sou abordado com a famosa pergunta: Como faço para vender um produto que é uma commodity?

Este livro inteiro é uma resposta à essa pergunta, mas vou te contar um segredo, sempre que me perguntam isso, minha primeira resposta, aquela que sai imediatamente e que é quase impossível de segurar, é: **NÃO VENDA COMMODITY!**

Não venda commodity

A venda de commodities pode ser um grande desafio para muitos vendedores. Uma das principais razões para isso é a falta de diferenciação entre os produtos oferecidos. Se o vendedor não consegue transmitir valor agregado ao produto, ele pode acabar sendo visto pelo cliente como uma commodity, ou seja, algo que pode ser comprado de qualquer fornecedor por um preço mais baixo. Nesse sentido, é essencial que o vendedor saiba se posicionar de forma estratégica e se diferenciar da concorrência.

De acordo com o livro "*Sales Differentiation: 19 Powerful Strategies to Win More Deals at the Prices You Want*" (Diferenciação em vendas: 19 Estratégias Poderosas para ganhar mais negócios com os preços que você deseja, em tradução livre), de Lee B. Salz, os vendedores precisam trabalhar na criação de um posicionamento único para o seu produto. Em vez de focar apenas nas características técnicas, é preciso entender as necessidades e expectativas do cliente e trabalhar na criação de uma solução personalizada que atenda às suas demandas. Isso exige conhecimento profundo do produto e da concorrência, além de habilidade na comunicação e negociação.

Outra estratégia para evitar a venda de commodities é investir em branding. O livro "*Branding: In Five and a Half Steps*" (Branding: em cinco etapas e meia, em tradução livre), de Michael Johnson, defende que a construção de uma marca forte pode ser a chave para se diferenciar no mercado. Isso envolve criar uma identidade visual e verbal consistente, com uma mensagem clara e atraente que conecte emocionalmente com o cliente. Uma marca forte pode ajudar o vendedor a se posicionar como líder em seu segmento, conquistando a fidelidade e confiança do consumidor.

É claro que minha resposta imediata é mais complexa do que parece. Obviamente não estou sugerindo que o vendedor troque de produto ou mesmo de empresa, mas sim que ele precisa entender que, quando você é um vendedor de commodities, onde a diferenciação por produto é impossível (ou praticamente impossível), o caminho está em vender o que envolve o produto e não apenas o produto. Diferenciar-se pelos processos internos da empresa, pela qualidade do atendimento, pelo conhecimento do cliente, pelos conselhos que fornece ao cliente, enfim, fazer com que o produto não seja mais uma commodity, mas se diferencie de alguma forma.

Não se posicionar como vendedor de commodities é essencial para quem quer se destacar no mercado e fechar mais negócios. Isso exige investimento em conhecimento do produto e da concorrência, além de habilidades de comunicação e branding. Ao adotar uma abordagem mais estratégica e focada no valor agregado, é possível sair da zona de commodities e conquistar mais espaço no mercado.

Descubra por que seus clientes têm comprado de você

Se, portanto, você quer diferenciar-se de alguma forma e não consegue fazer isso com base em seu produto, o primeiro passo é entender:

"O que seus clientes atuais têm valorizado em seu produto?"

É comum que muitos vendedores, especialmente os de commodities, não saibam realmente quais são os diferenciais de seu produto. Isso porque eles estão tão acostumados a vendê-lo como uma commodity que acabam deixando de lado aspectos importantes que o tornam único no mercado. Segundo um artigo da revista Forbes, é essencial que os vendedores conheçam as características que tornam seu produto diferente dos demais, e que sejam capazes de destacá-las para os clientes.

Além disso, muitos vendedores têm preconceito em relação ao próprio produto, não acreditando que ele tenha diferenciais reais. Esse tipo de pensamento limita a capacidade de venda, tornando mais difícil convencer o cliente de que aquele produto é a melhor opção para ele. É importante que os vendedores entendam que, mesmo que um produto seja considerado uma commodity, sempre há aspectos que o diferenciam dos demais, sejam os diferenciais do próprio produto, sejam outros relativos à marca, aos processos ou mesmo a você.

O único caminho para saber quais são os reais diferenciais do produto é perguntando aos clientes atuais o que os levou a comprar.

Eles podem apontar características específicas que os agradaram e que foram determinantes na hora de escolher entre um produto e outro. Por isso, a coleta de feedbacks é uma ferramenta importante para os vendedores que desejam conhecer melhor seus produtos e melhorar a sua estratégia de venda. Segundo a Harvard Business Review, o feedback do cliente é uma das melhores maneiras de entender o valor do produto e descobrir oportunidades de melhorias.

Um exemplo de como essa abordagem pode fazer a diferença é o caso da empresa de roupas Zara. Eles foram capazes de inovar no mercado de fast fashion ao descobrir que a entrega rápida era um dos diferenciais mais valorizados pelos clientes. Eles conseguiram se adaptar para atender a essa demanda, tornando-se referência no mercado de moda e um dos maiores varejistas do mundo. Isso mostra que é possível encontrar um diferencial em qualquer tipo de produto, basta estar atento às necessidades dos clientes e ser capaz de inovar.

Um produto que passou a ter diferencial é a marca de sucos naturais "Do Bem". No mercado de bebidas, os sucos eram vistos como commodities e a maioria das marcas usava ingredientes artificiais e conservantes. A Do Bem surgiu com a proposta de produzir sucos 100% naturais e sem conservantes, com embalagens modernas e design diferenciado. A empresa investiu em marketing para destacar o diferencial do seu produto, tornando-se referência no mercado de sucos naturais. Hoje, a marca tem presença internacional e é conhecida por seu comprometimento com a qualidade e sustentabilidade na produção dos seus sucos.

Veja que, quando seu produto não possui diferenciais aos seus olhos, pode ser que aos olhos dos seus clientes esses diferenciais estejam presentes. Muitas vezes, inclusive, os diferenciais mais valorizados por seus clientes sejam os intangíveis.

Quais são os aspectos intangíveis que tem trazido clientes para você?

Os aspectos intangíveis de um produto são aqueles que não podem ser vistos ou tocados, mas que ainda assim têm grande influência no processo de compra do cliente. Eles são geralmente ligados a emoções, experiências e percepções subjetivas que o cliente tem em relação ao produto. No caso dos vendedores de commodities, que estão lidando com produtos muito semelhantes aos de seus concorrentes, os aspectos intangíveis são ainda mais importantes para diferenciar seus produtos.

Para descobrir quais são os aspectos intangíveis do seu produto, é necessário analisar as percepções e opiniões dos seus clientes. Faça perguntas abertas e estimule o cliente a falar sobre o que o levou a escolher o seu produto em vez do concorrente. Além disso, observe como os clientes interagem com o seu produto e quais são as reações emocionais que eles apresentam. Com base nessas informações, é possível identificar quais são os aspectos intangíveis que mais chamam a atenção do cliente.

Uma vez identificados os aspectos intangíveis do seu produto, é importante que você os utilize para criar diferenciação em relação aos concorrentes. Por exemplo, se um dos aspectos intangíveis do seu produto é a facilidade de uso, é possível destacar esse diferencial em suas campanhas de marketing e treinar sua equipe de vendas para destacar essa característica para o cliente. Outro exemplo seria se um aspecto intangível do seu produto é a sensação de exclusividade, você pode destacar isso ao oferecer edições limitadas ou personalizadas para seus clientes.

80%

Da decisão de compras é determinada por aspectos intangíveis

De acordo com uma pesquisa realizada pela consultoria McKinsey, os aspectos intangíveis de um produto são responsáveis por até 80% da decisão de compra do cliente. Portanto, é essencial que o vendedor de commodities leve em consideração esses aspectos para se destacar em um mercado tão competitivo. Compreender e explorar esses diferenciais pode ser a chave para conquistar novos clientes e fidelizá-los a longo prazo.

Meça!

Medir é fundamental para identificar possíveis diferenciais em um produto. No entanto, muitos vendedores têm resistência em medir, seja por medo de descobrir que estão falhando em algum ponto ou por não querer investir tempo e recursos em algo que parece desnecessário. Essa resistência pode ser um obstáculo para a busca por diferenciação.

É importante que o vendedor tenha em mente que a medição não precisa ser complicada ou cara. Muitas vezes, basta simplesmente anotar algumas informações relevantes sobre as vendas e analisá-las posteriormente. Além disso, a tecnologia pode ser uma grande aliada nesse processo. O uso de um CRM, por exemplo, pode facilitar muito a coleta e análise de dados.

Um conceito importante a ser introduzido nesse contexto é o de empresa *data driven* e venda *data driven*. Empresas *data driven* utilizam dados para embasar suas decisões, em vez de se basear em intuição ou achismo. Isso é especialmente importante em um mercado tão competitivo como o de commodities. Ao utilizar dados para identificar possíveis diferenciais em seu produto, o vendedor pode criar uma vantagem competitiva e se destacar da concorrência. Medir é fundamental para a identificação de diferenciais em commodities. É importante que o vendedor tenha em mente que a medição não precisa ser complicada ou cara, e que a tecnologia pode ser uma grande aliada nesse processo. Empresas *data driven* e vendas *data driven* têm uma vantagem competitiva nesse mercado tão concorrido.

Mas o que um vendedor deve medir?

Quais métricas você precisa acompanhar

Existem várias métricas que um vendedor pode acompanhar, mas algumas delas são mais importantes para entender o desempenho das vendas e tomar decisões estratégicas. Algumas das principais métricas incluem:

1. Taxa de conversão: é a porcentagem de leads ou potenciais clientes que se tornam clientes efetivos. Para calcular, divida o número de vendas pelo número de leads ou potenciais clientes.

2. Tempo de ciclo de vendas: é o tempo que leva para concluir uma venda. Para calcular, some o tempo que um lead leva para se tornar um cliente mais o tempo gasto no processo de venda.

3. Ticket médio: é a média de valor de cada venda realizada. Para calcular, divida o valor total das vendas pelo número de vendas realizadas.

4. Custo de aquisição de cliente (CAC): é o valor gasto para adquirir cada novo cliente. Para calcular, some todos os custos de marketing e vendas e divida pelo número de novos clientes.

Para vendedores de commodities, algumas métricas adicionais podem ser importantes:

1. Preço médio de venda: é o valor médio que o vendedor cobra por unidade de produto vendida. Para calcular, divida o valor total das vendas pelo número de unidades vendidas.

2. Nível de estoque: é a quantidade de produto que o vendedor tem em estoque. Manter um estoque adequado pode ajudar a garantir que o produto esteja disponível quando os clientes precisarem.

3. Nível de produção: é a quantidade de produto que o vendedor está produzindo em um determinado período. Ajustar o nível de produção pode ajudar a atender a demanda dos clientes e evitar a falta ou excesso de produto.

Para calcular essas métricas, é necessário ter dados precisos e confiáveis. Portanto, é fundamental usar um sistema de gerenciamento de relacionamento com o cliente (CRM) para coletar, armazenar e analisar dados de vendas e clientes. Com esses dados, é possível tomar decisões estratégicas informadas e identificar possíveis diferenciais em produtos de commodities.

Existem, também, diversas métricas que podem ser utilizadas para detectar diferenciais de produtos, dentre elas podemos citar:

1. Net Promoter Score (NPS): essa métrica mede a satisfação e fidelidade dos clientes em relação ao produto. A partir dela é possível identificar aspectos positivos e negativos do produto que são importantes para os clientes.

2. Taxa de churn: essa métrica mede a taxa de cancelamento de clientes. A partir dela é possível identificar problemas e falhas no produto que levam à perda de clientes.

Para detectar esses diferenciais na prática a partir dessas métricas, é importante fazer uma análise detalhada dos resultados e identificar padrões e tendências que apontam para pontos fortes e fracos do produto. É necessário também ouvir o feedback dos clientes e entender suas demandas e necessidades para desenvolver o produto de forma a atendê-las. Por fim, é importante usar essas informações para desenvolver estratégias de marketing e vendas que destaquem os diferenciais do produto e mostrem como ele pode atender melhor as demandas dos clientes.

Não faz parte dos objetivos deste livro detalhar o processo para se calcular essas métricas, isso é abordado em meus treinamentos de vendas, mas caso você tenha dificuldades nisso, pode pedir ajuda para seu gestor, para o departamento de marketing de sua empresa, ou mesmo buscar informações na internet sobre cada uma das métricas.

Por que seu cliente está comprando?

Acima citei que entender o motivo pelo qual seus clientes estão comprando é fundamental para o vendedor de commodities. Isso ocorre porque, muitas vezes, acreditamos que sabemos exatamente o que o cliente precisa e quer, quando na verdade não temos ideia. Isso é ainda mais comum entre os vendedores de commodities que, por estarem extremamente machucados por conta das inúmeras vezes em que tiveram que negociar preços com seus clientes, tendem a acreditar que o único (ou pelo menos o mais importante) fator de decisão de compras de seus clientes é o preço. É importante investigar e perguntar para o cliente o que está por trás da decisão de compra.

Para descobrir o motivo pelo qual seus clientes estão comprando, siga os seguintes passos:

1. Converse com seus clientes: A melhor maneira de descobrir o que motiva seus clientes a comprarem é perguntar diretamente para eles. Faça perguntas abertas e deixe o cliente falar sobre suas necessidades e desafios.

2. Entenda o contexto: Conheça o negócio do cliente e o contexto em que ele opera. Isso pode dar insights sobre os motivos que levaram o cliente a comprar o seu produto.

3. Observe o comportamento do cliente: Além de conversar com o cliente, observe o comportamento dele. Como ele utiliza o produto? Quais são as áreas que ele mais valoriza? Isso pode dar indicações importantes sobre o motivo da compra.

4. Analise os dados: Use ferramentas de análise de dados para entender as tendências de compra dos seus clientes. Isso pode mostrar padrões de comportamento que você pode explorar para vender mais.

Lembre-se, o objetivo é entender o que motiva o cliente a comprar. Com essa informação em mãos, você pode ajustar sua abordagem de venda e oferecer soluções mais adequadas às necessidades do cliente.

Quais resultados ele está tendo?

Um dos fatores de compra mais importantes para um cliente (ainda que muitas vezes esteja inconsciente para ele) são os resultados que está obtendo ao utilizar seus produtos. Entender esses resultados é fundamental para que o vendedor possa identificar oportunidades de diferenciação. Afinal, muitas vezes os clientes estão comprando determinado produto não apenas pelo preço, mas porque ele é capaz de entregar resultados específicos para suas necessidades.

O primeiro passo para obter essa informação é conversar com o cliente e entender o que ele espera do produto e o que ele tem alcançado com o uso dele. O vendedor pode perguntar diretamente sobre os resultados que o cliente tem tido, ou pode obter essa informação de outras formas, como por meio de pesquisas de satisfação ou de análise de dados de uso do produto.

Um exemplo de como o vendedor pode utilizar essa informação para diferenciar seus produtos é o caso de uma empresa de fertilizantes cliente minha, que identificou que muitos de seus clientes estavam comprando seus produtos apenas pelo preço, sem entender realmente como eles poderiam melhorar a produtividade de suas lavouras. A partir dessa informação, a empresa começou a investir em treinamentos e consultorias para seus clientes, mostrando como seus produtos poderiam ser utilizados de forma mais eficiente e quais resultados eles poderiam esperar obter. Com isso, esta empresa conseguiu não apenas aumentar suas vendas, mas também fidelizar seus clientes, que passaram a ver seus produtos como uma solução completa para suas necessidades.

Uma vez que você tenha identificado os resultados que o cliente está obtendo com o seu produto, desenhe isso para ele e para os próximos clientes seus.

Muitos vendedores de commodities negligenciam o poder de um cálculo em um pedaço de papel à frente de seu cliente. Não faça isso. Prove com números que, ainda que seu produto seja ligeiramente mais caro (caso seja), o resultado do cliente compensa essa diferença.

Um vendedor de um cliente meu do mercado agro me contou certa vez que, grande parte de seu resultado anual (que era consistentemente maior do que o de todos os outros vendedores da mesma empresa) se devia ao que ele chamava de "Apresentação de Resultados do Fechamento da Safra". Apesar do nome pomposo, a técnica era bem simples: ao final da safra ele fazia uma apresentação em PowerPoint, levava o cliente para uma sala, servia um café com alguns petiscos e mostrava na projeção quanto dinheiro o cliente havia ganhado graças ao uso de seus produtos.

Essa atitude, segundo ele, facilitava as vendas para a próxima safra, garantindo que aquele cliente continuaria comprando com ele, além de criar condições para que ele percebesse eventuais sinais de que o cliente iria deixar de comprar com ele.

Prever quando ele deixará de comprar

Para o vendedor de commodities, é importante não apenas vender para novos clientes, mas também manter os clientes antigos. Para isso, é fundamental prever quando um cliente pode deixar de comprar seus produtos. Afinal, é muito mais difícil e custoso conseguir um novo cliente do que manter um existente. Por isso, é essencial que o vendedor preste atenção a alguns indicadores e comportamentos dos clientes que podem indicar essa possibilidade.

Um dos principais indicadores é a frequência das compras. Se um cliente que costumava comprar regularmente começa a diminuir a frequência de compras, pode ser um sinal de alerta. Além disso, o volume de compras também é importante: se um cliente que costumava comprar grandes quantidades começa a reduzir o volume, isso pode indicar que ele está buscando alternativas.

Outro indicador importante é a comunicação do cliente com a empresa. Se um cliente que costumava entrar em contato regularmente com a empresa para fazer pedidos, tirar dúvidas ou dar feedback, começa a se comunicar menos, pode ser um sinal de que ele está perdendo o interesse pela empresa e seus produtos. Além disso, é importante prestar atenção às reclamações dos clientes, pois elas podem indicar insatisfação ou problemas que podem levar à perda do cliente.

O comportamento do cliente também pode indicar sua possível saída. Se um cliente começa a buscar informações sobre produtos concorrentes, isso pode indicar que ele está insatisfeito ou buscando alternativas. Além disso, se um cliente que costumava fazer pedidos grandes começa a fazer pedidos menores, isso pode indicar que ele está testando outros fornecedores.

Para agir diante desses indicadores, é fundamental que o vendedor tenha uma estratégia de retenção de clientes. É importante que a empresa mantenha um canal de comunicação aberto com os clientes e esteja atenta às suas necessidades e desejos. Além disso, é importante que a empresa ofereça benefícios aos clientes, como descontos exclusivos, brindes ou outras vantagens que os mantenham fiéis à empresa. O vendedor também pode oferecer produtos complementares ou serviços adicionais que agreguem valor ao cliente e o mantenham interessado nos produtos da empresa.

Um exemplo prático de como utilizar a informação sobre os resultados dos clientes para prever sua saída é o caso da empresa de tecnologia Oracle. A Oracle monitora constantemente os resultados dos clientes que usam seus softwares e serviços, analisando dados como o uso dos produtos, o retorno sobre o investimento e o nível de satisfação dos clientes. Com base nesses dados, a empresa pode prever quais clientes estão em risco de deixar a empresa e adotar medidas para retê-los, como oferecer serviços adicionais ou melhorar o suporte ao cliente. Como resultado, a Oracle tem uma das maiores taxas de retenção de clientes do setor de tecnologia.

Dê voz ao seu cliente

Dar voz ao cliente é uma estratégia fundamental para um vendedor de commodities. Isso permite que o vendedor entenda melhor as necessidades dos clientes e possa desenvolver produtos e serviços que atendam às suas expectativas. Além disso, dar voz ao cliente também é importante para identificar problemas e oportunidades de melhoria no processo de venda.

Para dar voz ao cliente, o vendedor pode utilizar diversas técnicas, como pesquisas de satisfação, entrevistas, grupos focais e análise de redes sociais. Essas técnicas permitem que o vendedor obtenha informações valiosas sobre a experiência do cliente com o produto ou serviço, bem como suas expectativas e necessidades.

Além disso, o vendedor pode provocar a empresa onde trabalha para que ela também dê voz ao cliente. Isso pode ser feito por meio da implementação de canais de feedback, como formulários de avaliação, chatbots, e-mails de acompanhamento e outras formas de comunicação. O objetivo é incentivar o cliente a fornecer feedback constante sobre a experiência de compra e uso do produto ou serviço.

Quando o vendedor coletar opiniões positivas e negativas do cliente, é importante agir rapidamente para resolver problemas e aproveitar oportunidades de melhoria. As opiniões negativas podem ser usadas para identificar áreas de insatisfação do cliente e corrigir problemas no processo de venda. Já as opiniões positivas podem ser usadas para reforçar o que está sendo feito corretamente e identificar oportunidades de expansão do negócio.

Um exemplo prático de como dar voz ao cliente é a empresa de comércio eletrônico Amazon, que usa a técnica de avaliações de produtos para obter feedback dos clientes. Os clientes podem avaliar os produtos que compraram, fornecendo uma pontuação e um comentário sobre sua experiência de compra. A Amazon usa essas avaliações para melhorar a qualidade dos produtos, identificar problemas no processo de venda e fornecer informações valiosas para outros clientes.

Mas você pode estar se perguntando "o que exatamente" deve procurar ouvir de seus clientes. Eu poderia responder TUDO, já que tudo pode ser importante quando vem de seu cliente, mas acho que você não ficaria satisfeito com a resposta, então quero citar alguns aspectos que merecem uma especial atenção. São eles: desejos, vontades, dores, *must haves*, tolerância a preço e resultados desejados. Vamos entender cada um deles.

Desejos

Os desejos dos clientes são aqueles elementos que eles buscam em um produto ou serviço, mas que não são necessários para atender suas necessidades básicas. É importante identificar os desejos do cliente para entender como o produto pode ser ajustado para atender melhor às suas expectativas e desejos.

Para identificar os desejos do cliente, é necessário fazer

perguntas abertas que permitam que o cliente expresse seus pensamentos e opiniões. Além disso, o vendedor pode observar o comportamento do cliente e suas interações com o produto para identificar os desejos não expressos verbalmente. É importante anotar esses desejos em um local seguro e acessível, para que possam ser utilizados no momento da venda. O melhor desses lugares é o CRM.

Vontades

As vontades do cliente são semelhantes aos desejos, mas mais específicas. Elas se referem a aspectos concretos do produto ou serviço que o cliente busca, como um determinado recurso, uma funcionalidade específica ou um preço mais acessível. Para identificar as vontades do cliente, o vendedor precisa estar atento ao que o cliente está buscando em termos de funcionalidade e recursos, e fazer perguntas específicas sobre esses aspectos.

Dores

As dores do cliente são as necessidades insatisfeitas que o produto ou serviço pode ajudar a resolver. Identificar as dores do cliente é fundamental para entender o que o cliente está buscando e como o produto pode ajudá-lo. Para isso, o vendedor pode fazer perguntas sobre os problemas que o cliente está enfrentando e como ele espera que o produto possa ajudá-lo. Além disso, o vendedor pode observar o comportamento do cliente e suas interações com o produto para identificar as dores não expressas verbalmente.

Must Haves

Os *Must Haves* são os recursos ou funcionalidades que são absolutamente essenciais para o cliente, sem os quais ele não consideraria comprar o produto. Para identificar os Must Haves, é necessário fazer perguntas específicas sobre as funcionalidades e recursos do produto e sua importância para o cliente. É importante que o vendedor esteja atento a essas necessidades para garantir que o produto ofereça o que o cliente precisa.

Para controlar essas informações, é importante que o vendedor tenha um sistema de gerenciamento de clientes, como um CRM. Isso permite que todas as informações coletadas sejam armazenadas em um local centralizado e seguro, acessível a toda a equipe de vendas. Além disso, o CRM permite que o vendedor acompanhe o relacionamento com o cliente ao longo do tempo e forneça um serviço personalizado e adaptado às necessidades do cliente.

Usar essas informações para vender mais significa adaptar o produto ou serviço para atender às necessidades e desejos do cliente, garantindo que o produto ofereça o que o cliente está buscando e valorizando. Isso aumenta a satisfação do cliente e a fidelidade à marca, o que pode levar a vendas repetidas e recomendações boca a boca.

Tolerância ao preço

A tolerância ao preço é a capacidade do cliente de suportar um determinado nível de preço para o produto ou serviço que ele está comprando.

É uma medida importante para o vendedor de commodities, pois os produtos commodity são frequentemente comparados por preço, o que significa que é difícil justificar um preço mais alto com base em diferenciais de produto.

O vendedor precisa entender a tolerância ao preço do cliente para poder oferecer o melhor valor e maximizar suas chances de fechar uma venda. Se o vendedor não conhece a tolerância ao preço do cliente, corre o risco de definir um preço muito alto e perder a venda, ou definir um preço muito baixo e deixar dinheiro na mesa.

Existem várias maneiras de descobrir a tolerância ao preço do cliente. Uma delas é perguntar diretamente ao cliente qual é o preço máximo que ele está disposto a pagar pelo produto ou serviço. Outra forma é observar o comportamento do cliente em relação ao preço, analisando quais produtos ele compara e quais ele escolhe, e comparando o preço com o concorrente.

Uma vez que o vendedor sabe a tolerância ao preço do cliente, ele pode usar essa informação para ajustar sua estratégia de vendas. Se a tolerância ao preço do cliente for alta, o vendedor pode oferecer um preço mais alto com base em diferenciais de produto. Se a tolerância ao preço for baixa, o vendedor precisa encontrar uma maneira de reduzir seus custos para oferecer um preço mais competitivo.

Entender a tolerância ao preço do cliente é fundamental para o vendedor de commodities. Ele precisa usar essa informação para definir o preço de seus produtos e para ajustar sua estratégia de vendas, maximizando suas chances de fechar uma venda.

Resultados desejados

Mostrar ao cliente como seus produtos podem gerar os resultados desejados é uma estratégia poderosa para o vendedor de commodities. Afinal, o cliente compra produtos para atender a necessidades específicas e, quanto mais o vendedor entender essas necessidades, maiores serão as chances de sucesso nas vendas.

Abaixo, seguem três exemplos do mercado de commodities em que a estratégia de mostrar como seus produtos podem gerar resultados desejados é aplicável:

1. Alimentos para animais: os produtores de gado desejam maximizar o ganho de peso dos animais e garantir a saúde do rebanho. O vendedor de alimentos para animais pode demonstrar como seus produtos contêm os nutrientes necessários para atingir esses objetivos.

2. Fertilizantes: agricultores desejam aumentar a produtividade das suas lavouras. O vendedor de fertilizantes pode mostrar como seus produtos contêm os nutrientes necessários para melhorar o crescimento e a saúde das plantas, gerando assim maiores colheitas.

3. Combustíveis: empresas de transporte desejam reduzir o custo com combustível e melhorar a eficiência dos veículos. O vendedor de combustíveis pode demonstrar como seus produtos podem melhorar a economia de combustível dos veículos, proporcionando assim reduções significativas nos custos de transporte.

Considere *Focus Groups* e *Surveys*

Focus Groups e *Surveys* são duas técnicas amplamente utilizadas em pesquisas de mercado para obter informações qualitativas e quantitativas sobre os clientes e seus desejos, necessidades e comportamentos e são formas que uma empresa deve utilizar para dar voz a seus clientes.

O *Focus Group* é uma técnica que consiste em reunir um grupo de pessoas para discutir um determinado tema ou produto. Essas pessoas são selecionadas de acordo com o perfil de cliente que se deseja estudar. A dinâmica é conduzida por um moderador que faz perguntas e estimula o debate entre os participantes. O objetivo é entender as opiniões, percepções e expectativas dos clientes em relação ao produto e identificar oportunidades de melhorias ou inovações.

Já o *Survey* é uma pesquisa quantitativa que consiste na aplicação de questionários a uma amostra representativa da população. É uma técnica mais ampla e abrangente, pois permite coletar dados de um número maior de pessoas e em diferentes locais. Os questionários podem ser aplicados de diversas formas, como presencialmente, por telefone, por e-mail, por meio de redes sociais, entre outros.

Essas técnicas podem ser utilizadas pelo vendedor de commodities para obter informações valiosas sobre seus clientes e entender melhor suas necessidades, desejos e comportamentos de compra. Com essas informações, o vendedor pode ajustar sua estratégia de vendas, melhorar seu atendimento e oferecer soluções mais personalizadas.

Além disso, o vendedor pode demandar a realização de *Focus Groups* e *Surveys* para o departamento de marketing da empresa ou para seu gestor, a fim de obter informações mais amplas e detalhadas sobre seus clientes e mercado. O marketing pode utilizar essas informações para desenvolver campanhas publicitárias mais efetivas, criar produtos e serviços, e melhorar a experiência do cliente com a empresa.

O uso de *Focus Groups* e *Surveys* pode ser uma excelente ferramenta para o vendedor de commodities coletar informações valiosas sobre seus clientes e aprimorar suas estratégias de vendas, e ele pode também trabalhar em conjunto com o departamento de marketing para demandar a realização dessas pesquisas e ampliar o conhecimento sobre o mercado.

Compartilhe suas medições com a empresa. Isso te ajudará a ganhar credibilidade internamente

Compartilhar as medições e descobertas com todos na empresa é importante por várias razões. Em primeiro lugar, ao compartilhar essas informações, o vendedor pode obter feedback e insights valiosos de outros membros da equipe. Eles podem ser capazes de fornecer informações adicionais ou sugestões sobre como usar essas informações para melhorar as vendas ou a experiência do cliente.

Além disso, compartilhar essas informações ajuda a manter todos na empresa informados sobre o que está acontecendo com os clientes. Isso pode ajudar a criar uma cultura mais orientada ao cliente, onde todos estão trabalhando juntos para atender às necessidades e desejos dos clientes.

Por fim, compartilhar essas informações pode ajudar a construir a credibilidade do vendedor e mostrar aos outros na empresa que ele está trabalhando duro para entender os clientes e melhorar as vendas. Isso pode ajudar o vendedor a ganhar apoio interno para suas iniciativas e demandas futuras.

Exercitando

Hora de refletir e colocar em prática o que você aprendeu até aqui. Anote abaixo (ou em um papel a parte):

1. O que você entendeu do conteúdo até aqui?
2. Como você usará o que leu até aqui, na prática, em seu processo de venda?

Capítulo 8

PARE DE FALAR DE PREÇO

É comum que o vendedor seja o primeiro a falar de preço durante uma venda. Isso pode acontecer por diferentes motivos, como a falta de confiança em seu produto ou serviço, o desejo de fechar a venda o mais rápido possível ou a pressão para atingir metas de venda estabelecidas pela empresa.

Algumas frases que o vendedor costuma utilizar no início da venda que passam a ideia de foco no preço são: "Qual é o seu orçamento?", "O que você está disposto a pagar?", "Posso fazer um desconto especial para você?", entre outras.

Porém, essa abordagem pode ser prejudicial para a venda e para o relacionamento com o cliente, uma vez que o foco no preço pode levar o cliente a perceber que o produto ou serviço não tem valor suficiente para justificar o investimento e, consequentemente, desistir da compra.

No decorrer do capítulo, vamos explorar como o vendedor pode mudar essa abordagem e criar uma conversa mais voltada para as necessidades e desejos do cliente, em vez de focar apenas no preço.

Se você só foca no preço, seu cliente também irá focar nisso

Quando o vendedor só foca no preço do produto, ele transmite para o cliente a mensagem de que o único aspecto importante é o custo, deixando de lado outras questões relevantes como qualidade, durabilidade, suporte, entre outros.

Por exemplo, imagine a seguinte conversa:

Cliente: Olá, gostaria de saber o preço do seu produto.

Vendedor: O preço é R$100, mas posso fazer por R$90.
Cliente: Achei caro, tem como fazer por R$80?
Vendedor: Ok, posso fazer por R$80.

Nesse diálogo, o vendedor iniciou a conversa já falando de preço, e isso acabou sendo o principal foco da conversa. Dessa forma, o cliente ficou ainda mais inclinado a pedir um desconto, já que o vendedor passou a ideia de que o preço é o único aspecto relevante.

O vendedor deve se concentrar nos benefícios e no valor que o produto oferece ao cliente, em vez de se concentrar apenas no preço. É importante demonstrar como o produto pode resolver as necessidades e desejos do cliente e como pode melhorar sua vida. Ao fazer isso, o vendedor ajudará o cliente a perceber que o preço é apenas um aspecto do produto, e que outros fatores devem ser levados em consideração na hora de decidir pela compra.

Algumas vezes, mesmo que sem perceber, o vendedor está focando no preço do produto logo no início da visita ao cliente. Um exemplo disso é aquele vendedor que usa como abordagem ao cliente, frases como "hoje estou com um preço muito bom para o produto X" ou "estamos com uma promoção sensacional para o produto Y que o senhor não pode perder". Evite esse foco excessivo no preço do produto e use o preço ou a promoção apenas como um benefício a mais do produto.

Talvez, nesse momento, você esteja se perguntando: E o que eu faço quando o cliente pergunta o preço logo no início, como no exemplo acima? A resposta é simples: não responda!

Isso mesmo. Diga para o cliente que você terá todo o prazer em dizer o preço do produto, depois que entender melhor quais são as necessidades dele, as dores que ele precisa sanar, as condições em que a compra acontecerá, a forma de pagamento, o prazo de entrega... e inicie imediatamente o processo de investigação com uma pergunta que descubra algum desses itens apontados.

Apenas 54% dos vendedores explicam claramente como a solução que estão oferecendo irá impactar positivamente o negócio do cliente

Esse dado foi divulgado em um relatório da CSO Insights de 2018, que mostrou que apenas 54,6% dos vendedores conseguem explicar claramente como a solução que estão oferecendo irá impactar positivamente o negócio do cliente.

O impacto disso é que, ao não explicar claramente como a solução pode ajudar o cliente a alcançar seus objetivos, o vendedor deixa o cliente sem uma razão convincente para comprar o produto. Isso pode levar o cliente a buscar alternativas, inclusive aquelas que oferecem um preço mais baixo.

Por outro lado, quando o vendedor consegue explicar claramente como a solução pode trazer benefícios específicos para o cliente, ele está dando ao cliente uma razão clara e convincente para comprar. Isso torna mais fácil para o cliente tomar uma decisão de compra e justifica um preço mais alto.

Por exemplo, se um vendedor está oferecendo um software de gestão para uma empresa, ele deve ser capaz de explicar claramente como o software pode aumentar a eficiência da empresa, economizar tempo dos funcionários, reduzir erros e aumentar a produtividade. Se ele não consegue comunicar esses benefícios de forma clara, o cliente pode não ver razão para pagar um preço mais alto pelo software.

Agora pense comigo: se você que é o "dono" do produto não sabe como ele pode impactar o negócio do cliente ou, se sabe, acha isso tão pouco importante que não se lembra de dizê-lo, como quer que o cliente veja valor no seu produto? É óbvio que essa venda irá inevitavelmente para a negociação de preço.

É importante que o vendedor se concentre nos benefícios e no valor que sua solução pode trazer para o cliente, em vez de apenas no preço. Isso ajuda a justificar um preço mais alto e ajuda o cliente a tomar uma decisão de compra mais informada e consciente.

Diferencie seus produtos de alguma forma

Diferenciar o produto é fundamental para o vendedor fugir do assunto preço e agregar valor ao produto que está vendendo. É importante lembrar que a diferenciação não precisa ser necessariamente em termos de produto ou tecnologia, mas pode ser em outros aspectos, como atendimento, suporte técnico, prazo de entrega, entre outros.

Para fazer isso, o vendedor precisa investigar bem o mercado e a concorrência, para entender quais são as necessidades dos clientes e quais são as soluções que já existem para atendê-las. A partir daí, é possível pensar em formas de se destacar.

Uma das formas de diferenciação é o atendimento personalizado, onde o vendedor estuda o cliente, suas necessidades e o mercado em que ele atua, e assim pode oferecer soluções mais adequadas e relevantes para o negócio do cliente.

Outra forma de diferenciação é oferecer produtos ou serviços que atendam necessidades específicas dos clientes. Por exemplo, um fornecedor de materiais de construção pode oferecer uma linha de produtos mais sustentáveis, atendendo a uma demanda cada vez maior por produtos *eco-friendly*.

Também é possível se diferenciar pelo preço, mas não é recomendado que essa seja a principal estratégia, pois é difícil manter preços muito baixos sem comprometer a qualidade do produto ou serviço.

Outra forma de diferenciação é oferecer suporte técnico e assistência pós-venda, para garantir que o cliente esteja sempre satisfeito com a solução adquirida e tenha apoio em caso de problemas ou dúvidas.

Por fim, é importante destacar que para diferenciar seu produto é fundamental focar nos benefícios que ele pode trazer ao cliente, e não apenas nas características técnicas ou no preço. Isso envolve um conhecimento profundo do mercado e das necessidades dos clientes, além de uma apresentação clara e objetiva dos diferenciais do produto ou serviço oferecido.

Diferença entre comprar café e Starbucks

Mas Rodrigo, não tem como diferenciar meu produto. Ele é idêntico ao do concorrente!

Já ouvi isso algumas vezes em minha carreira treinando vendedores de commodities. Mas será que isso é realmente verdade? Depende. Se você está vendendo commodity, então talvez não tenha como diferenciar mesmo. A solução aqui é vender algo a mais.

Uma das principais diferenças entre comprar café em grãos ou em pó na padaria e na Starbucks é a experiência oferecida ao cliente. Na padaria, geralmente o cliente apenas escolhe o produto, paga e vai embora. Já na Starbucks, o cliente é convidado a entrar em um ambiente aconchegante, onde pode se sentar e desfrutar do seu café enquanto lê um livro ou trabalha em seu laptop. Além disso, o atendimento personalizado, a possibilidade de personalização do café e a qualidade dos ingredientes utilizados também são aspectos que contribuem para a experiência única oferecida pela Starbucks.

É importante ressaltar que a diferença de preço entre o café vendido na padaria e na Starbucks é justificada pela experiência oferecida ao cliente. Enquanto na padaria o café é vendido apenas como um produto, na Starbucks ele é vendido como uma experiência completa, o que agrega valor ao produto e justifica o preço mais elevado. Além disso, a Starbucks investe em ações de marketing para criar uma imagem de marca forte, o que também contribui para a percepção de valor do produto pelos consumidores.

Dessa forma, podemos concluir que a experiência de compra é um importante fator de diferenciação para os produtos, e pode justificar preços mais elevados. Quando o vendedor consegue destacar os benefícios e a experiência que seu produto oferece ao cliente, ele pode fugir da discussão de preço e vender com base no valor que seu produto agrega ao negócio do cliente.

O vendedor pode criar uma boa experiência de compra para seus clientes de diversas maneiras. Alguns exemplos óbvios são:

1. Oferecer um atendimento personalizado e cordial;

2. Disponibilizar um ambiente agradável para a realização das negociações;

3. Fornecer informações completas e precisas sobre os produtos;

4. Disponibilizar meios de pagamento seguros e variados.

Além disso, existem algumas ações criativas que o vendedor pode tomar para melhorar a experiência do cliente. Algumas delas são:

1. Oferecer uma degustação gratuita do produto;

2.Personalizar o produto de acordo com as preferências do cliente;

3.Fornecer amostras grátis ou brindes;

4.Proporcionar experiências únicas, como visitas à fábrica ou ações de engajamento em redes sociais.

É importante lembrar que cada cliente tem necessidades e preferências diferentes, portanto, é fundamental que o vendedor conheça bem seu público-alvo para criar uma experiência de compra adequada e personalizada.

Crie pacotes

Criar pacotes é outra estratégia interessante para o vendedor, pois permite a diferenciação dos produtos e serviços oferecidos. O pacote pode ser criado a partir da combinação de um produto com um serviço que atenda às necessidades do cliente. Dessa forma, o cliente não está comprando apenas um produto, mas sim uma solução completa para suas necessidades.

Por exemplo, um vendedor de equipamentos agrícolas pode criar um pacote que inclua o produto (como um trator) e um serviço de manutenção preventiva, garantindo a disponibilidade do equipamento durante todo o ciclo produtivo do cliente. Outro exemplo seria um pacote que inclua um software e um treinamento personalizado para a equipe do cliente, garantindo que eles saibam utilizar todas as funcionalidades do produto.

Essa estratégia pode ser muito útil no mercado de commodities, pois muitas vezes os produtos são similares e o preço é o principal fator de decisão de compra. Ao criar pacotes que agreguem valor aos produtos, o vendedor pode destacar-se da concorrência e oferecer soluções mais completas aos clientes.

Além disso, criar pacotes pode ser uma forma de aumentar a margem de lucro do vendedor, já que os serviços geralmente possuem margens mais elevadas do que os produtos em si.

No entanto, é importante que o vendedor esteja atento para criar pacotes que sejam realmente relevantes e úteis para o cliente, evitando oferecer serviços desnecessários ou pouco eficientes.

Se não pode personalizar o produto, personalize a oferta

Quando o produto em si não pode ser personalizado, o vendedor pode personalizar a oferta através do seu atendimento, oferecendo uma experiência única e personalizada para o cliente. Isso é importante porque faz com que o cliente se sinta valorizado e especial, aumentando assim as chances de fechar a venda e fidelizar o cliente.

Algumas maneiras de personalizar a oferta são:

- **Entender as necessidades do cliente:** O vendedor deve fazer perguntas para entender as necessidades específicas do cliente e oferecer soluções que atendam a essas necessidades.

Exemplo: Um cliente está procurando por um laptop para trabalhar em home office. O vendedor pode perguntar sobre as especificidades do trabalho do cliente, como as ferramentas que ele usa e a quantidade de memória e armazenamento necessários para ajudá-lo a encontrar o laptop certo.

- **Oferecer soluções customizadas:** O vendedor pode oferecer soluções customizadas para atender às necessidades específicas do cliente.

Exemplo: Um cliente está procurando por um pacote de seguro para sua empresa. O vendedor pode oferecer soluções personalizadas, que atendam às necessidades específicas do negócio do cliente, como um seguro que cubra riscos específicos da empresa.

- **Ser atencioso e prestativo:** O vendedor pode oferecer ajuda e orientação para o cliente em todas as etapas da venda, desde a escolha do produto até a pós-venda.

Exemplo: Um cliente está procurando por um presente de aniversário para sua esposa. O vendedor pode oferecer sugestões personalizadas e ajudar o cliente a escolher o presente certo para a ocasião.

Essas são apenas algumas das maneiras que o vendedor pode personalizar a oferta. Personalizar a oferta é uma forma importante de diferenciar-se da concorrência e garantir que o cliente tenha uma experiência de compra única e satisfatória.

Saiba vender benefícios e não características

Focar em características do produto é um erro comum cometido por vendedores. Segundo a Harvard Business Review:

"Os compradores normalmente não compram produtos por causa de suas características, mas porque acreditam que esses produtos fornecerão algum benefício tangível".

Portanto, é essencial que o vendedor saiba identificar e comunicar claramente os benefícios do produto ao invés de apenas listar suas características.

Exemplos de produtos, características e benefícios:

Produto	Característica	Benefício
Carro	Motor V8 de 500 cavalos	Maior potência e velocidade para uma direção emocionante
Máquina de lavar	Capacidade de 10kg	Lavagem de roupas em maior quantidade, economizando tempo

Produto	Característica	Benefício
Smartphone	Tela OLED de alta resolução	Visualização nítida de imagens e vídeos
Software de gestão	Sistema baseado em nuvem	Acesso remoto e fácil compartilhamento de dados entre colaboradores
Fone de ouvido sem fio	Cancelamento de ruído ativo	Melhoria na qualidade do som e maior conforto para o usuário
Máquina fotográfica	Sensor de imagem de alta resolução	Captura de imagens mais nítidas e detalhadas
Máquina de cortar cabelo	Lâmina de aço inoxidável	Durabilidade e precisão no corte de cabelos
Perfume	Fragrância cítrica	Sensação de frescor e energia ao longo do dia
Chocolate	Teor de cacau de 70%	Sabor intenso e sofisticado, com menor quantidade de açúcar

É importante ressaltar que um mesmo produto possuí diversas características e cada característica pode ter diversos benefícios. Tomemos como exemplo o chocolate da tabela anterior. Apontamos a característica 70% de cacau, mas pode ser que o chocolate em questão tenha uma embalagem diferenciada, não contenha glúten, seja orgânico, por exemplo. Qual dessas características você deve abordar na sua apresentação de vendas? Todas as que forem importantes para sanar as dores, desejos, *must haves*, vontades, do cliente em questão.

No mesmo chocolate, quando abordada a característica 70% de cacau, apresentamos como benefício o sabor intenso e sofisticado, com menor quantidade de açúcar, mas poderíamos usar a mesma característica para apontar o benefício "um pequeno prazer sem sair da dieta". Qual dos benefícios usaremos? Sim, aqueles que estejam relacionados com as necessidades apontadas pelo cliente durante a investigação.

Por fim, é importante que você construa seu argumento de venda utilizando a sequência benefício -> característica, e não o contrário. Ou seja, você deve sempre falar primeiro o benefício e depois apontar qual a característica que gera esse benefício.
Vejamos um exemplo de argumento de venda para uma máquina de lavar:

Vamos imaginar que o vendedor está vendendo uma máquina de lavar com capacidade de 10kg. Em vez de apenas listar essa característica, ele deve se concentrar no benefício que essa característica proporciona. Porém, em vez de dizer: "Com essa máquina de lavar de 10kg, você pode lavar muito mais roupas de uma só vez, economizando tempo e esforço em comparação com uma máquina de menor capacidade. Isso significa que você terá mais tempo livre para aproveitar com a família ou para se dedicar a outras tarefas importantes em casa.", ele teria um impacto muito maior ao fazer apenas uma pequena mudança na frase, dizendo: "Com essa máquina de lavar você irá lavar muito mais roupas de uma só vez, economizando tempo e esforço em comparação com uma máquina de menor capacidade, já que ela tem uma capacidade de 10kg. Isso significa que você terá mais tempo livre para aproveitar com a família ou para se dedicar a outras tarefas importantes em casa."

Veja, primeiro o benefício, depois a característica que gera esse benefício. Isso dá mais foco ao benefício do que à característica, e ao destacar o benefício, o vendedor está criando uma conexão emocional com o cliente e tornando a venda mais persuasiva.

Não se limite aos benefícios do produto. Fale de benefícios que a empresa e o processo podem oferecer

Complementando a ideia de vender benefícios, é importante lembrar que não se deve limitar apenas aos benefícios do produto em si. O vendedor também deve destacar os benefícios que a empresa e o processo podem oferecer ao cliente.

Por exemplo, se o vendedor está vendendo um software de gestão, ele não deve focar apenas nas funcionalidades do software em si, mas também nos benefícios que a empresa pode oferecer ao cliente, tais como uma logística mais rápida e segura, um apoio na obtenção de linhas de crédito para a compra, organização e controle do estoque do cliente, entre outras.

Além disso, é importante destacar os benefícios que o processo de compra em si pode oferecer ao cliente, como suporte na aplicação e uso de seus produtos, facilidade e rapidez no pedido, suporte ao cliente especializado, entre outras possibilidades.

Outro exemplo é na venda de um serviço de consultoria. O vendedor pode destacar os benefícios que a empresa terá ao contar com a expertise e conhecimento do consultor, como a melhoria de processos, a identificação de oportunidades de crescimento, a redução de custos, entre outros.

Contudo, se o vendedor não conhece os processos de sua empresa que podem gerar valor para o cliente, como poderá citá-los?

Gosto muito de contar uma situação que ocorreu há mais de uma década em um cliente meu no Paraná. Eu estava treinando um grupo de vendedores da empresa, mas alguns funcionários de suporte a vendas também decidiram participar do treinamento. Quando eu citei a importância de se conhecer os processos da empresa para gerar valor para o cliente, uma jovem que fazia parte do time de suporte a vendas disse o seguinte: "Um exemplo disso, Rodrigo, é que se eu insiro o pedido no sistema na sexta-feira, o produto chegará no cliente na terça-feira da semana seguinte, mas se eu insiro o pedido na segunda-feira da outra semana, o produto só chegará para o cliente na sexta-feira daquela mesma semana". Nesse momento um vendedor se levantou e disse: "Pois eu não sabia disso e para não ser chato e te sobrecarregar, sempre deixava para enviar os pedidos dos meus clientes na segunda-feira".

Veja só, simplesmente por não conhecer o processo de inserção dos pedidos no sistema e o quanto isso impactava na data de entrega dos produtos, aquele vendedor estava deixado de entregar os produtos de seus clientes com três dias de antecedência, o que, naquele mercado, pode fazer uma enorme diferença.

É importante que o vendedor entenda que o cliente não está apenas comprando um produto ou serviço, mas sim uma solução para seus problemas e necessidades. Por isso, é fundamental que o vendedor saiba destacar todos os benefícios que a empresa, o produto e o processo de compra podem oferecer ao cliente. Daí a importância de o vendedor conhecer como todos os processos de sua empresa podem gerar valor para o seu cliente.

Mas e se você não tem essa resposta, como pode descobrir?

Seja proativo em descobrir esses benefícios exclusivos de sua empresa. Pergunte para seu gestor e para o marketing

O vendedor é o principal responsável por conhecer bem o produto que está vendendo, incluindo seus benefícios exclusivos. No entanto, muitas vezes essas informações não são passadas de forma clara ou suficiente durante o treinamento da empresa. É por isso que o vendedor deve ser proativo em descobrir esses benefícios exclusivos, perguntando tanto para o gestor quanto para o marketing da empresa.

Além disso, o próprio vendedor pode refletir e estudar o produto para identificar seus benefícios exclusivos, por exemplo, comparando-o com produtos concorrentes ou buscando informações em fontes externas. Ao identificar esses benefícios exclusivos, o vendedor será capaz de oferecer ao cliente uma proposta de valor mais clara e eficaz, destacando não apenas as características do produto, mas também os benefícios que a empresa e o processo podem oferecer.

Exercitando

Hora de refletir e colocar em prática o que você aprendeu até aqui.
Anote abaixo (ou em um papel a parte):

1.O que você entendeu do conteúdo até aqui?
2.Como você usará o que leu até aqui, na prática, em seu processo
de venda?

Capítulo 9

COMO VOCÊ PODE OFERECER UMA EXPERIÊNCIA PREMIUM PARA SEUS CLIENTES?

Uma experiência de compra premium é aquela que vai além da simples aquisição de um produto ou serviço, oferecendo ao cliente um atendimento personalizado, exclusivo e de alta qualidade. Isso pode incluir desde um ambiente agradável e confortável até o uso de tecnologias avançadas e a oferta de serviços adicionais, como consultoria e suporte técnico.

Oferecer uma experiência premium é importante porque permite que a empresa se diferencie da concorrência e crie uma conexão emocional com o cliente, que se sente valorizado e mais propenso a fazer negócio novamente no futuro. Além disso, uma experiência de compra positiva pode gerar indicações e recomendações, ampliando a base de clientes da empresa.

Algumas empresas que são conhecidas por oferecer uma experiência premium são a Apple, a Nike, a Disney e a Amazon. Mas mesmo empresas que vendem produtos comoditizados podem oferecer uma experiência de compra diferenciada. Um exemplo é a rede de supermercados Trader Joe's, que se destaca por oferecer produtos de alta qualidade a preços acessíveis, além de um atendimento caloroso e descontraído, com funcionários que usam camisetas coloridas e oferecem amostras gratuitas aos clientes.

Comprometa-se com a execução

Para oferecer uma experiência premium aos clientes, é fundamental que o vendedor esteja comprometido com todo o processo de execução. Isso significa que ele não pode se limitar apenas à venda do produto, mas precisa se responsabilizar por todas as etapas do processo, desde a produção até a entrega do produto.

De acordo com o artigo da Harvard Business Review "The Elements of Value" (Os elementos de valor, em tradução livre), oferecer uma experiência de alta qualidade pode ser uma fonte poderosa de diferenciação e lealdade do cliente. Isso é particularmente importante em mercados em que os produtos são commodities e os clientes têm muitas opções para escolher. Ao se comprometer com a execução e fornecer uma experiência premium, o vendedor pode criar um vínculo emocional com o cliente e torná-lo mais propenso a comprar novamente.

Um exemplo de empresa que se compromete com a execução para oferecer uma experiência premium é a Amazon. A empresa é conhecida por seu excelente serviço ao cliente e por sua capacidade de entregar os produtos rapidamente e de forma confiável. A Amazon tem uma equipe dedicada de gerentes de conta que trabalham com vendedores para garantir que seus produtos sejam entregues com rapidez e eficiência. Além disso, a empresa oferece uma política de devolução generosa e fácil, o que aumenta a confiança do cliente em sua marca.

Por outro lado, um exemplo de empresa que falhou em se comprometer com a execução é a United Airlines. Em 2017, a empresa ficou em destaque na mídia após um passageiro ter sido violentamente retirado de um voo superlotado. O incidente foi amplamente criticado e a empresa enfrentou uma queda significativa na confiança do cliente. Isso ocorreu em parte porque a United Airlines não tinha um processo claro para lidar com essas situações e não conseguiu oferecer uma experiência premium para seus clientes.

Para se comprometer com a execução e oferecer uma experiência premium aos clientes, o vendedor deve estar atento a todos os pontos de contato com o cliente. Isso inclui desde a qualidade do produto até a entrega, atendimento ao cliente e suporte pós-venda.

Ao fornecer um serviço de qualidade em todas as etapas do processo, o vendedor pode criar um vínculo emocional com o cliente e torná-lo mais propenso a comprar novamente.

Lembre-se que mesmo as atividades que não tenham qualquer relação com o processo de venda irão impactar o SEU cliente e podem determinar se ele comprará ou não de você na próxima oportunidade. Logo, mesmo que você não seja diretamente responsável por todas as etapas da execução, é inteligente que você esteja atento a essas etapas e pense em como pode aumentar a percepção de valor do cliente quanto a elas.

Como você pode garantir que tudo que ocorre em decorrência da venda (como logística, faturamento etc.) acontecerá da melhor forma possível?

Para garantir que tudo que ocorre em decorrência da venda acontecerá da melhor forma possível, o vendedor precisa estar comprometido com todo o processo e se comunicar com as áreas responsáveis por cada etapa. Isso significa acompanhar de perto a logística, o faturamento, o pós-venda e todas as outras atividades que impactam o cliente. Além disso, é importante que o vendedor se mantenha atualizado sobre os processos da empresa e saiba como ajudar o cliente em caso de problemas.

Um exemplo de como o vendedor pode garantir que a logística ocorrerá da melhor forma possível é manter um contato frequente com a área responsável pela entrega dos produtos. Ele pode informar os clientes sobre o andamento da entrega e esclarecer dúvidas sobre prazos e condições de envio. Outra ação que pode ser tomada é informar a área responsável sobre casos de extravio ou avarias para que possam ser resolvidos o mais rápido possível.

Na área de faturamento, o vendedor pode garantir que tudo ocorra da melhor forma possível mantendo-se atualizado sobre as condições de pagamento e negociando prazos e valores com os clientes. Ele pode também informar a área responsável sobre eventuais problemas de faturamento, como cobranças indevidas ou atrasos na emissão de notas fiscais.

No pós-venda, o vendedor pode garantir que tudo ocorra da melhor forma possível mantendo um contato próximo com os clientes e se colocando à disposição para solucionar problemas e esclarecer dúvidas. Ele pode também encaminhar feedbacks dos clientes para as áreas responsáveis pela melhoria contínua dos processos.

Por fim, é importante ressaltar que o comprometimento do vendedor com todo o processo não significa que ele deva assumir as responsabilidades de outras áreas da empresa, tampouco deve ser invasivo ou grosseiro com as pessoas dessas áreas. O papel do vendedor é garantir que o cliente tenha uma experiência de compra satisfatória e que suas demandas sejam atendidas de forma eficiente e rápida. Para isso, ele deve trabalhar em conjunto com as demais áreas da empresa, mantendo uma comunicação clara e frequente.

Como você pode ajudar o cliente no processo de uso dos seus produtos?

Ao ajudar o cliente no processo de uso dos produtos, o vendedor pode melhorar significativamente a experiência do cliente, o que pode resultar em uma fidelização do cliente e em vendas futuras.

Essa ajuda pode ser feita através da oferta de suporte, treinamento e até mesmo dicas de uso do produto.

Para produtos comoditizados, esse tipo de ajuda pode ser especialmente importante, pois os clientes muitas vezes compram esses produtos sem entender completamente como usá-los ou sem ter certeza de que estão comprando a opção mais adequada para suas necessidades. Dessa forma, ao oferecer orientação e suporte, o vendedor pode ajudar a reduzir a taxa de devoluções e insatisfação do cliente.

Existem várias maneiras pelas quais um vendedor pode ajudar o cliente no processo de uso dos produtos, como fornecer materiais de treinamento, como manuais, vídeos explicativos ou mesmo sessões de treinamento presencial. Além disso, o vendedor pode oferecer suporte técnico para resolver quaisquer problemas que o cliente possa ter ao usar o produto.

Outra maneira pela qual o vendedor pode ajudar o cliente no processo de uso dos produtos é oferecer dicas e sugestões de como usar o produto de maneira mais eficaz. Por exemplo, um vendedor de produtos de limpeza pode oferecer dicas sobre como remover manchas difíceis, enquanto um vendedor de produtos eletrônicos pode fornecer informações sobre como economizar bateria ou prolongar a vida útil do dispositivo.

Durante meus treinamentos tive contato com inúmeras histórias reais de vendedores de commodities que encontraram formas criativas de ajudar seus clientes no uso dos produtos comprados deles e, assim, aumentar a percepção de valor de seus clientes. Contarei duas delas aqui.

A primeira eu ouvi de um vendedor do Centro-Oeste brasileiro que me contou que monitorava a data de aplicação de seus produtos por seus clientes e, no dia em que seria feita essa aplicação, o vendedor comprava sanduiches de presunto e refrigerantes e ia com sua caminhonete com uma caixa de isopor na caçamba no meio da fazenda do cliente, servindo os trabalhadores que aplicavam seus produtos. O cliente desse vendedor, que tinha uma especial paixão por seus funcionários, via essa atitude do vendedor como algo fundamental para sua fidelidade total àquela empresa.

A segunda história eu ouvi de um vendedor do Norte do Brasil que disse que percebeu um aumento significativo na fidelidade de seus clientes quando começou a ir junto com a logística de sua empresa entregar os produtos comprados pelo cliente. Ele auxiliava na entrega dos produtos, limpava o armazém do cliente depois que tudo havia sido descarregado, contava o estoque do cliente, fixava nos produtos uma etiqueta bem bonita que ele mesmo pediu para uma gráfica fazer, onde constavam informações importantes para seu cliente e, por fim, tirava uma selfie dele em frente aos produtos todos organizadíssimos e enviava para o Whatsapp do cliente.

Ao ajudar o cliente no processo de uso dos produtos, o vendedor pode se diferenciar da concorrência e criar uma experiência mais positiva para o cliente, o que pode levar a vendas repetidas e a recomendações para outros clientes. E uma forma especialmente útil de ajudar seu cliente é facilitando a vida dele ao usar seus produtos.

Como você pode facilitar a vida do seu cliente ao usar seus produtos?

Facilitar a vida do cliente é um fator chave para criar uma experiência premium de compra, inclusive para produtos comoditizados. Segundo um estudo da Harvard Business Review, os clientes estão dispostos a pagar mais por uma experiência de compra diferenciada e que ofereça mais conveniência.

Algumas formas óbvias de facilitar a vida do cliente no uso de seus produtos são oferecer instruções claras de uso, manutenção e limpeza, disponibilizar vídeos tutoriais ou até mesmo oferecer cursos de treinamento para os clientes.

Já exemplos disruptivos e criativos podem incluir o desenvolvimento de aplicativos ou plataformas digitais que auxiliem o cliente na utilização dos produtos, como por exemplo um app que faça sugestões de receitas para utilizar um determinado alimento ou um aplicativo que auxilie na manutenção de equipamentos de ginástica em casa.

Outra forma criativa de facilitar a vida do cliente é oferecer serviços adicionais que complementem o uso dos produtos vendidos, como por exemplo serviços de instalação, manutenção ou reparo. Esses serviços podem ser oferecidos de forma gratuita ou com um custo adicional, mas sempre com o objetivo de facilitar a vida do cliente.

Um exemplo real é a empresa americana Casper, que vende colchões online, mas além disso oferece serviços como entrega, montagem e retirada de colchões antigos, facilitando a vida do cliente durante todo o processo de compra e uso do produto.

Já um exemplo específico do mercado de commodities eu vivi em um cliente do Sul do Brasil durante um treinamento que eu ministrava para um time de vendedores. A empresa em questão possuía um produto que, aplicado à plantação dos clientes, surtia um efeito excepcional, porém, por ser um pó muito fino, a aplicação desse produto é especialmente desafiadora, já que o pó voava com facilidade, deixando tudo branco e, o pior de tudo, caindo onde não devia e oferecendo risco para os trabalhadores que o aplicavam.

Durante o treinamento, um dos vendedores ia dar um exemplo de algo e me explicou exatamente o que eu apontei no parágrafo anterior, mas antes que ele conseguisse terminar sua pergunta, um outro vendedor da mesma empresa se levantou e apontou que já havia resolvido aquele problema. Ele havia projetado um equipamento específico para a aplicação daquele produto que impedia que ele se dissipasse no ar, o que resolvia todas as dificuldades de aplicação sentidas pelos clientes.

Com isso, aquele vendedor proativo estava conseguindo vender muito mais daquele produto do que todos os demais vendedores.

Exercitando

Hora de refletir e colocar em prática o que você aprendeu até aqui. Anote abaixo (ou em um papel a parte):

1. O que você entendeu do conteúdo até aqui?
2. Como você usará o que leu até aqui, na prática, em seu processo de venda?

Capítulo 10

A EMPRESA

10

De fato, a empresa em si pode ser um diferencial para produtos que são commodities. A reputação da empresa, sua história, valores, cultura organizacional, atendimento ao cliente, entre outros fatores, podem influenciar na decisão de compra dos clientes.

Segundo um estudo da Nielsen, a reputação da empresa é um fator importante para 55% dos consumidores na hora de escolher entre produtos similares. Além disso, a consultoria McKinsey aponta que as empresas que oferecem uma experiência positiva ao cliente têm um aumento de receita de até 15%.

55%

Valorizam a reputação da empresa na hora de comprar

15%

Aumento da receita das empresas que oferecem uma experiência positiva aos clientes

Algumas empresas são conhecidas por sua forte cultura organizacional, como a Zappos, que prioriza o atendimento ao cliente e a felicidade de seus funcionários. Outras são reconhecidas por seus valores e responsabilidade social, como a Patagonia, que prioriza a sustentabilidade em seus produtos e operações.

No entanto, é importante ressaltar que a empresa como diferencial não deve ser vista como uma forma de mascarar produtos de baixa qualidade ou práticas antiéticas. A empresa deve buscar oferecer um valor genuíno aos seus clientes, e o vendedor deve estar alinhado a essa cultura e valores para transmitir confiança e credibilidade aos seus clientes.

Conheça sua marca

A marca é um fator de diferenciação, pois ela representa a identidade e reputação da empresa e seus produtos. Uma marca forte pode influenciar positivamente na decisão de compra do cliente, mesmo em produtos comoditizados. Segundo a Forbes, empresas com marcas fortes superam seus concorrentes em faturamento e lucro, além de terem maior lealdade dos clientes.

Exemplos de marcas que são fatores de diferenciação são a Apple, que se destaca pela sua inovação e design, a Coca-Cola, que tem uma identidade de marca forte e uma história de marketing bem-sucedida, e a Nike, que tem como marca registrada o "swoosh" e é reconhecida por seus slogans inspiradores e patrocínios esportivos de alto nível.

Para criar uma marca forte, a empresa deve investir em estratégias de *branding* que incluem o desenvolvimento de uma identidade visual consistente, a construção de uma narrativa de marca, o engajamento dos clientes em plataformas digitais e ações de marketing criativas e impactantes. O vendedor, dentro de sua alçada, pode contribuir para isso através da apresentação consistente da marca e seus valores em todas as interações com o cliente, seja por meio de comunicações verbais, materiais de vendas ou mesmo no tratamento com o cliente pós-venda.

Alguns vendedores não sabem direito o poder da marca que representam, e por isso não capitalizam em cima disso. É importante que o vendedor conheça bem a marca e os valores que ela representa, para poder transmiti-los de forma eficaz para o cliente. Isso pode ser feito através de treinamentos fornecidos pela empresa ou mesmo por iniciativa própria do vendedor em se aprofundar nos valores da marca que representa.

O conhecimento da marca e sua reputação pode ajudar o vendedor a apresentar argumentos mais convincentes para o cliente e aumentar a confiança no produto.

Saiba qual o seu posicionamento (Desejado e Real)

Posicionamento de marca é a posição que a marca ocupa na mente do consumidor em relação a outras marcas no mercado. É a percepção que os clientes têm da marca em termos de atributos, benefícios e valores que ela oferece. O posicionamento pode ser determinado por vários fatores, como qualidade, preço, status, benefícios e valores.

Um exemplo de marca que tem um forte posicionamento é a Apple, que é conhecida por seus produtos de alta qualidade, design sofisticado e inovação. Outro exemplo é a Nike, que tem um posicionamento baseado em estilo de vida e empatia com os atletas.

O posicionamento real da marca muitas vezes pode ser diferente do que a empresa deseja ter. Por exemplo, uma empresa pode querer ser vista como inovadora, mas ser vista pelos consumidores como conservadora. Ou uma empresa pode querer ser vista como acessível, mas ser vista como cara pelos clientes. É importante para a empresa entender qual é o seu posicionamento real para poder ajustar suas estratégias de marketing e de vendas para chegar ao posicionamento desejado.

Para descobrir o posicionamento real de sua marca, o vendedor pode realizar pesquisas de mercado para descobrir como os clientes veem a marca e quais são as percepções mais comuns. O vendedor pode utilizar o feedback dos clientes e os comentários nas redes sociais para obter informações valiosas sobre o posicionamento real da marca.

Uma vez que o vendedor entende o posicionamento real da marca, ele pode trabalhar para ajustá-lo ao posicionamento desejado. Isso pode ser feito por meio de estratégias de marketing e de vendas que ressaltam os pontos fortes da marca e que enfatizam a sua imagem desejada. O vendedor também pode trabalhar para melhorar a experiência do cliente com a marca, para que a percepção do cliente sobre a marca se alinhe com o posicionamento desejado.

Desenvolva os canais (Pense em caminhos alternativos para fazer o produto chegar às mãos do cliente)

Canais de venda são os meios pelos quais um produto chega ao cliente final. É importante que o vendedor de commodities desenvolva canais de venda diferenciados para se destacar em um mercado saturado.

Estar onde o cliente precisa quando ele precisa é fundamental para produtos comoditizados. Por exemplo, para quem vende alimentos, é importante estar presente em supermercados e mercearias, bem como em aplicativos de entrega de comida.

Para desenvolver canais alternativos de venda, é importante que o vendedor conheça o perfil do seu público-alvo e avalie quais são os canais mais adequados para chegar até ele. Algumas sugestões de canais alternativos são:

- **Venda online:** o vendedor pode criar um site próprio ou usar plataformas de marketplace, como Mercado Livre e Amazon, para vender seus produtos pela internet.

- **Redes sociais:** as redes sociais podem ser usadas como canal de venda e de divulgação dos produtos. O vendedor pode criar perfis nas principais redes sociais e usar as ferramentas de anúncio para atingir o público-alvo.

- **Feiras e eventos:** participar de feiras e eventos do setor é uma forma de o vendedor apresentar seus produtos para um público qualificado e estabelecer contatos com potenciais clientes.

- **Parcerias:** o vendedor pode estabelecer parcerias com empresas que já têm um canal de venda estabelecido, como distribuidores e revendedores.

- **Venda direta:** é possível vender diretamente para o consumidor final, sem a necessidade de intermediários. O vendedor pode utilizar catálogos ou visitas aos clientes.

- **Venda por assinatura:** essa é uma tendência que tem ganhado espaço nos últimos anos. O vendedor pode oferecer um serviço de assinatura, em que o cliente recebe produtos periodicamente, sem precisar fazer novas compras a cada vez.

Além desses canais, existem opções mais criativas, como a venda em máquinas de autoatendimento, parcerias com aplicativos de mobilidade urbana para entrega de produtos, entre outras.

Vale ressaltar que qualquer atividade dessas só deverá ser realizada caso esteja totalmente alinhada com seus superiores.

Envolva toda a empresa na venda

Envolvendo toda a empresa no processo de venda de commodities, o vendedor pode garantir que seus clientes recebam uma experiência consistente e de qualidade, aumentando a satisfação do cliente e fortalecendo a imagem da empresa. A empresa como um todo pode colaborar para que essa experiência seja positiva, desde o atendimento inicial até a entrega e suporte pós-venda.

Se o vendedor não envolver toda a empresa no processo de venda, pode haver problemas de comunicação, falhas na execução do serviço e insatisfação do cliente. Além disso, o cliente pode sentir que a empresa não valoriza sua experiência e optar por outras empresas no futuro.

Para envolver outros departamentos no processo de venda, o vendedor pode criar um senso de equipe e colaboração, compartilhando feedback dos clientes e os desafios que enfrenta no processo de venda. É importante destacar a importância de cada departamento na entrega de uma experiência positiva ao cliente. O vendedor pode pedir ajuda de outros departamentos para resolver problemas específicos que o cliente possa ter, como logística ou suporte técnico.

Alguns exemplos de como outros departamentos podem colaborar na venda de commodities são:

- **Departamento de marketing:** desenvolvendo campanhas de publicidade para produtos, criando promoções especiais, produzindo conteúdo de mídia social e gerenciando a reputação online da empresa;

- **Departamento de tecnologia:** desenvolvendo sistemas de atendimento ao cliente e plataformas de vendas online;

- **Departamento de logística:** garantindo que o produto seja entregue no prazo correto e em perfeitas condições;

- **Departamento de suporte ao cliente:** fornecendo suporte técnico pós-venda para ajudar os clientes a usar o produto com sucesso e resolver quaisquer problemas que possam surgir.

Ao envolver toda a empresa no processo de venda, o vendedor pode se concentrar no atendimento ao cliente e na construção de relacionamentos, enquanto outros departamentos trabalham nos bastidores para garantir que o cliente tenha uma experiência positiva e inesquecível com a marca.

Faça com que os outros departamentos da empresa também gerem valor para o cliente

Outros departamentos da empresa além do departamento de vendas também podem gerar valor para o cliente e tornar a experiência de compra mais premium. Por exemplo, um departamento de atendimento ao cliente pode fornecer suporte e assistência ao cliente em caso de problemas com o produto, tornando a experiência de compra mais confiável e satisfatória.

Além disso, o departamento de marketing pode criar campanhas e materiais de comunicação que ajudem a educar o cliente sobre o uso do produto, tornando a experiência de compra mais informativa e eficiente. O departamento de logística também pode ser um fator importante, garantindo que os produtos sejam entregues de forma rápida e segura.

Para usar esse recurso, o vendedor pode se comunicar com outros departamentos e garantir que todos estejam alinhados com o objetivo de fornecer uma experiência premium para o cliente. Isso pode ser feito através de reuniões regulares, comunicação clara de metas e objetivos, e incentivando a colaboração interdepartamental.

Além disso, o vendedor pode fornecer feedback ao resto da empresa sobre o que os clientes estão dizendo sobre a experiência de compra. Isso ajudará os outros departamentos a entenderem como podem melhorar e tornar a experiência do cliente ainda melhor.

Por fim, o vendedor pode trabalhar para garantir que a empresa tenha um compromisso com a excelência no atendimento ao cliente e na entrega de valor. Isso pode incluir a implementação de programas de treinamento para os funcionários de todos os departamentos e a criação de um sistema para medir a satisfação do cliente e identificar áreas de melhoria.

Ou você está gerando valor para o cliente, ou está trabalhando para quem está gerando valor para o cliente, ou está sobrando.

Essa frase é uma adaptação da famosa frase de Philip Kotler, o "pai do marketing moderno", que diz:

"Há apenas uma definição válida de negócio: criar um cliente".

A ideia por trás dessa frase é que todas as atividades de uma empresa devem estar voltadas para a criação de valor para o cliente, pois é ele quem garante a sobrevivência da empresa.

Se aplicarmos essa ideia ao contexto de vendas de commodities, podemos afirmar que o vendedor precisa criar valor para o cliente, seja através do conhecimento que tem do produto, do suporte oferecido durante e após a venda, da forma como o produto é entregue e utilizado, entre outros fatores.

Já os demais departamentos da empresa, precisam entender que o papel deles também é procurar formas para gerar valor para o cliente, tanto as formas mais óbvias quanto as mais criativas, e, além disso, devem servir como suporte e apoio ao vendedor, para criar condições para que ele gere mais e mais valor para seus clientes.

Se o vendedor ou qualquer outro departamento da empresa, não gerar valor para o cliente, ele estará sobrando, ou seja, não terá um papel relevante no processo de venda. Isso pode afetar negativamente toda a empresa, já que o cliente pode escolher outro concorrente que ofereça um atendimento mais completo e eficiente.

Para criar um ambiente voltado para a criação de valor para o cliente dentro da empresa, o vendedor pode trabalhar em conjunto com outros departamentos, como o suporte técnico, marketing e logística. Ele pode sugerir ações conjuntas que visem a melhoria da experiência do cliente, como uma estratégia de pós-venda que inclua a oferta de serviços complementares ou um programa de fidelidade. O importante é que todas as atividades estejam voltadas para a satisfação do cliente e a geração de valor para ele.

Envolva os executivos da empresa

Os executivos de uma empresa têm um papel crucial na definição da estratégia e direcionamento da empresa. Eles são responsáveis por tomar decisões que afetam a empresa como um todo e seus resultados financeiros. Portanto, é importante que os vendedores envolvam os executivos na venda de commodities, para que eles entendam as necessidades do cliente e possam ajustar a estratégia da empresa de acordo.

Uma maneira de conseguir esse envolvimento é apresentar dados e informações sobre o cliente e o mercado em que a empresa atua, para que os executivos possam ver como as vendas de commodities se encaixam na estratégia geral da empresa. Além disso, é importante ressaltar como a venda de commodities pode afetar positivamente a reputação da empresa e sua posição no mercado.

Outra maneira de envolver os executivos é fazer com que eles sejam parte do processo de vendas. Por exemplo, convidá-los para visitar clientes e participar de reuniões de vendas para entender melhor as necessidades do cliente e como os vendedores estão trabalhando para atendê-las. Isso não só ajuda os executivos a entenderem melhor as vendas de commodities, mas também pode melhorar o relacionamento entre os executivos e os vendedores.

Além disso, é importante que os vendedores sejam proativos e sugiram ideias para melhorar as vendas de commodities. Os vendedores devem apresentar ideias claras e concretas para os executivos, mostrando como podem ajudar a impulsionar as vendas e aprimorar a experiência do cliente. Isso ajuda a demonstrar o valor do vendedor para a empresa e mostra que ele está disposto a trabalhar em equipe para atingir metas comuns.

Por fim, é importante que os vendedores estejam preparados para lidar com as objeções dos executivos. Eles devem estar prontos para responder a perguntas e fornecer informações adicionais para justificar a venda de commodities. É preciso lembrar que os executivos são responsáveis por maximizar o retorno do investimento da empresa, e cabe aos vendedores demonstrarem como as vendas de commodities podem ajudar a atingir esse objetivo.

Faça informações sobre demandas de clientes chegarem até eles

O vendedor pode levantar essas demandas de diversas formas, como por meio de pesquisas com os clientes, análise de feedbacks recebidos, observação de tendências de mercado e da concorrência, entre outras.

Para fazer com que essas demandas cheguem aos líderes, o vendedor pode utilizar canais de comunicação internos, como e-mails, relatórios de vendas e reuniões de equipe, além de sugestões por escrito e apresentações formais. Sempre com o conhecimento e aprovação de seu gestor.

É importante para o vendedor que essas demandas cheguem até a direção porque isso demonstra seu comprometimento com a empresa e sua capacidade de identificar as necessidades dos clientes. Além disso, a empresa pode tomar decisões estratégicas com base nessas informações, visando aumentar as vendas e fidelizar clientes.

Para evitar a percepção de que está "cobrando" a empresa, o vendedor pode apresentar as demandas de forma objetiva e estruturada, destacando como essas informações podem ser valiosas para a empresa e como elas podem impactar positivamente os resultados de vendas.

Todos devem pensar juntos em como comunicar o valor do produto

Para finalizar este capítulo, é importante destacar que, para que um produto commodity seja diferenciado, é necessário que todos na empresa estejam engajados em comunicar seu valor. Isso significa que os departamentos de marketing, vendas, atendimento ao cliente e até mesmo produção devem estar alinhados na comunicação dos valores da marca.

A comunicação eficaz é essencial para destacar os diferenciais de um produto e atrair clientes. A empresa precisa investir em estratégias de comunicação, como marketing digital e campanhas publicitárias, que destaquem os benefícios que seus produtos e serviços oferecem.

O vendedor, por sua vez, precisa estar atento à mensagem que está passando para seus clientes e trabalhar em conjunto com os demais departamentos para que a comunicação da empresa seja efetiva e atinja o público-alvo.

Em resumo, para que um vendedor possa diferenciar suas commodities, é preciso que ele esteja em sintonia com toda a empresa, trabalhando em conjunto para comunicar os valores da marca e proporcionar uma experiência única para o cliente.

Exercitando

Hora de refletir e colocar em prática o que você aprendeu até aqui. Anote abaixo (ou em um papel a parte):

1.O que você entendeu do conteúdo até aqui?
2.Como você usará o que leu até aqui, na prática, em seu processo de venda?

Capítulo 11

PREÇO

11

Embora o preço possa não ser o fator mais importante de diferenciação, ele ainda é uma consideração importante para os clientes na hora de escolher entre produtos similares. No entanto, o principal problema enfrentado pelos vendedores é que muitas vezes dão um peso maior ao preço do que deveriam.

Segundo a Forbes, muitas empresas cometem o erro de pensar que a única maneira de competir em um mercado saturado de commodities é através da redução de preços. No entanto, isso pode levar a uma guerra de preços em que ninguém sai ganhando e as margens de lucro são reduzidas. Em vez disso, os vendedores devem concentrar seus esforços em diferenciar seus produtos por meio de outros fatores, como qualidade, serviço ou marca.

Além disso, segundo a Harvard Business Review, muitos clientes estão dispostos a pagar mais por produtos que ofereçam um maior valor agregado, mesmo que o preço seja mais elevado. Isso significa que os vendedores podem se concentrar em oferecer um produto de alta qualidade, juntamente com um excelente atendimento ao cliente e uma experiência de compra excepcional, em vez de simplesmente reduzir seus preços.

No entanto, é importante ressaltar que isso não significa que o preço não é importante. O preço pode ser uma consideração importante para muitos clientes, especialmente em mercados altamente competitivos. No entanto, os vendedores devem equilibrar a importância do preço com outras considerações, como qualidade, serviço e experiência do cliente.

Em resumo, o preço pode ser um fator importante na diferenciação de commodities, mas não deve ser o único fator considerado pelos vendedores. Concentrar-se em outros fatores, como qualidade, serviço e experiência do cliente, pode ajudar a aumentar o valor percebido do produto, permitindo que os vendedores compitam com sucesso em um mercado saturado de commodities.

O último fator é o preço

O preço é sim um fator de diferenciação quando falamos de commodities, afinal, é uma das formas mais fáceis de comparar produtos similares e tomar uma decisão de compra. No entanto, o preço não deve ser o fator mais importante e deve ser o último na escala de importância.

O motivo disso é que todos os outros fatores de diferenciação que abordamos até aqui, como atendimento ao cliente, qualidade, experiência de compra, entre outros, são muito mais importantes e significativos para o cliente do que o preço. De acordo com uma pesquisa da Accenture, 75% dos consumidores preferem pagar mais por uma melhor experiência de compra.

75%

Preferem pagar mais por uma melhor experiência de compra

O risco de focar muito no preço é criar uma imagem de que o seu produto é apenas mais um no mercado, sem nenhum diferencial além do preço baixo. Isso pode levar a uma queda na percepção de valor do produto e, consequentemente, afetar negativamente as vendas.

Infelizmente, muitos vendedores ainda focam muito no preço, muitas vezes até mesmo desvalorizando o próprio produto. Por exemplo, um vendedor pode reduzir o preço de um produto sem ter uma justificativa sólida, apenas para tentar competir com outros produtos similares no mercado. Outro exemplo é o vendedor que só fala do preço do produto em vez de destacar os seus diferenciais.

Para ilustrar esse ponto, vamos imaginar dois diálogos entre um vendedor e um cliente. No primeiro, o vendedor só fala do preço do produto:

- **Vendedor:** Esse produto está com um preço muito bom, muito abaixo dos concorrentes. É uma oportunidade única de economizar dinheiro.
- **Cliente:** Ok, mas e sobre a qualidade do produto? O que ele tem de diferente?
- **Vendedor:** Ah, sim, a qualidade é boa também. E além disso está em promoção.

Já no segundo diálogo, o vendedor destaca os diferenciais do produto sem focar tanto no preço:

- **Vendedor:** Esse produto é realmente incrível! A qualidade é excelente, ele tem uma tecnologia exclusiva que garante uma durabilidade maior e ainda oferecemos um suporte completo para nossos clientes. O preço pode não ser o mais baixo, mas garanto que o valor que você recebe em troca é muito maior.
- **Cliente:** Uau, realmente parece um produto diferenciado. Vou levar esse mesmo que seja um pouco mais caro.

Nesse exemplo, o vendedor foi capaz de destacar os diferenciais do produto e, mesmo com um preço um pouco mais alto, convencer o cliente da sua qualidade e valor agregado.

Há uma relação inversa entre a qualidade do profissional de vendas e a importância do preço

Não há uma fonte específica para a afirmação de que há uma relação inversa entre a qualidade do profissional de vendas e a importância do preço, mas é uma observação comum na indústria de vendas. Muitos especialistas em vendas afirmam que vendedores inexperientes tendem a dar mais importância ao preço do que aos outros fatores de diferenciação. Isso porque o preço é um fator tangível e fácil de entender, enquanto outros fatores, como qualidade, atendimento e entrega, são mais subjetivos e requerem uma compreensão mais profunda do produto ou serviço.

O despreparo do vendedor é, portanto, um dos principais motivos pelos quais ele pode focar demais no preço. Em vez de estudar e entender melhor o produto ou serviço que está vendendo, ele opta pelo caminho mais fácil e usa o preço como principal argumento de venda. Além disso, muitos vendedores não sabem como abordar os outros fatores de diferenciação, como qualidade, atendimento e entrega, e, portanto, se sentem mais confortáveis em falar sobre o preço.

No entanto, o foco excessivo no preço pode ter consequências negativas para o vendedor e para o cliente. O vendedor pode perder a oportunidade de vender um produto ou serviço por um preço mais alto, já que o cliente pode associar um preço mais baixo com qualidade inferior. Além disso, o cliente pode sentir que o vendedor não está preocupado com suas necessidades e interesses, mas apenas com a venda.

Um exemplo de um diálogo em que o vendedor foca excessivamente no preço pode ser:

- **Vendedor:** Este produto custa R$ 100,00, mas eu posso negociar por R$ 90,00. É um ótimo preço, não acha?
- **Cliente:** Bem, o preço é bom, mas eu estou mais preocupado com a qualidade do produto e com o suporte pós-venda.
- **Vendedor:** Ah, sim, claro, a qualidade é boa, mas o preço é o mais importante, certo? Posso negociar por R$ 85,00 se você fechar agora.

Já um exemplo de um diálogo em que o vendedor não foca tanto no preço poderia ser:

- **Vendedor:** Este produto é ótimo para suas necessidades específicas. Ele tem uma qualidade superior em comparação com outros produtos do mercado e nosso suporte pós-venda é excelente. Além disso, podemos garantir a entrega em até dois dias úteis. Tudo isso por um preço justo de R$ 100,00.
- **Cliente:** Hmm, parece bom. Eu só gostaria de saber se há alguma forma de personalizá-lo para atender às minhas necessidades específicas.
- **Vendedor:** Claro, podemos conversar mais sobre isso e ver como podemos personalizar o produto para você. Vamos analisar juntos as opções e encontrar a melhor solução para atender suas necessidades.

O trabalho do cliente é sempre comprar o mais barato, porém o que significa "mais barato"?

Isso mesmo! O preço é importante para o cliente, já que ele procura economizar e comprar o produto mais barato. No entanto, é fundamental entender o que "mais barato" significa. Muitas vezes, o vendedor acredita que mais barato tem a ver com o preço mais baixo, mas barato ou caro depende do que está sendo oferecido por esse valor.

O cliente pode até pagar mais caro por um produto que ofereça mais benefícios e que agregue mais valor para ele, do que por um produto que seja mais barato, mas não satisfaça suas necessidades. É por isso que o vendedor deve buscar entender o que o cliente valoriza em um produto e mostrar como o seu produto atende a essas necessidades.

Por outro lado, é importante lembrar que o "trabalho" do cliente não é apenas comprar o produto mais barato, mas sim extrair o maior valor possível do produto e da empresa. Portanto, dar descontos pode ser contraproducente para o vendedor, pois reduz o valor que o produto oferece e pode até mesmo diminuir a percepção de qualidade do cliente sobre o produto.

Em vez disso, o vendedor deve concentrar-se em oferecer valor para o cliente, apresentando os benefícios do produto de forma clara e persuasiva, destacando as vantagens competitivas e as necessidades atendidas pelo produto. Isso ajudará o cliente a entender que o preço do produto é justificado pelo valor que ele agrega. Ao oferecer valor, o vendedor pode até mesmo aumentar o preço do produto, desde que o valor agregado justifique o preço mais elevado.

Você não precisa ter o menor preço

É importante ressaltar que o objetivo do vendedor não é ter o menor preço e sim oferecer o melhor valor pelo preço cobrado. Uma commodity pode ser mais barata sem ter o menor preço do mercado, mas sim por oferecer mais valor para o cliente.

Por exemplo, uma marca de detergente pode custar um pouco mais do que outras no mercado, mas oferecer uma fórmula mais concentrada e eficiente, o que permite que o cliente use menos produto por lavagem. Isso faz com que o preço por lavagem seja menor, mesmo que o preço por embalagem seja um pouco mais alto.

Outro exemplo é uma empresa de serviços de limpeza que pode oferecer treinamento para os funcionários do cliente, resultando em uma limpeza mais eficiente e menos tempo gasto, o que significa que o cliente terá um custo total menor, mesmo que o preço por hora do serviço seja um pouco mais alto.

Além disso, o vendedor pode adicionar valor de outras formas, como oferecer suporte técnico e consultoria, garantias mais longas, entrega mais rápida e personalização do produto de acordo com as necessidades do cliente.

Com isso, fica claro que o preço é importante, mas não é o único fator de diferenciação e, muitas vezes, não é o mais importante. O vendedor pode adicionar valor à commodity e torná-la mais barata sem ter que reduzir o preço, mas sim oferecendo mais valor pelo preço cobrado.

Cobre o menor preço possível para o que você realmente entrega

Ao falarmos de commodities, onde a diferenciação é difícil e o preço é um fator importante na decisão do cliente, é esperado que o vendedor cobre o menor preço possível pelo que está sendo oferecido. Isso não significa que o vendedor deve reduzir o valor do produto ou do serviço que está oferecendo, mas sim otimizar seus custos para conseguir oferecer um preço competitivo.

Além disso, é importante que toda a empresa esteja engajada em otimizar seus custos, não só para oferecer preços mais competitivos, mas também para manter a sustentabilidade do negócio. A redução de custos em toda a empresa pode levar a uma melhoria na qualidade do produto, na eficiência da produção, no aumento da margem de lucro e na oferta de preços mais acessíveis ao cliente.

Um exemplo disso é a rede de supermercados Walmart, que utiliza sua escala global para conseguir preços mais baixos com seus fornecedores e, assim, repassar essa economia para seus clientes. Eles também otimizam suas operações internas para reduzir custos, como a utilização de luzes LED em suas lojas para economizar energia e a otimização de rotas de entrega para reduzir os custos de transporte.

Outro exemplo é a companhia aérea low-cost Ryanair, que adota uma estratégia de redução de custos em toda a empresa, desde a compra de aeronaves mais econômicas até a cobrança de taxas extras por serviços como bagagem despachada e marcação de assentos. Essa estratégia permite que a empresa ofereça preços mais acessíveis aos clientes, tornando-se uma opção viável para quem busca viagens aéreas com menor custo.

Portanto, ao vender commodities é importante cobrar o menor preço possível pelo que está sendo oferecido, otimizando os custos em toda a empresa. Isso permite que a empresa seja mais competitiva e ofereça preços mais acessíveis ao cliente, sem prejudicar sua margem de lucro ou a qualidade do produto.

Mas como falar de preço sem antes definirmos claramente "o que é preço"?

O que é preço

Preço é o valor monetário atribuído a um bem ou serviço em uma transação comercial. Essa definição é amplamente aceita e pode ser encontrada em diversas fontes, como:

- **Dicionário Houaiss da Língua Portuguesa:** "Valor atribuído a um bem ou serviço em moeda corrente ou em outra unidade de medida."

- **Kotler e Keller em "Administração de Marketing":** "Preço é a quantia em dinheiro que os consumidores precisam pagar para adquirir um produto ou serviço."

- **Philip Kotler em "Marketing 4.0":** "Preço é o valor monetário que os consumidores pagam para obter o benefício que o produto ou serviço oferece."

Todas essas definições nos ajudam a entender o que é preço, mas para um vendedor é importante entender que preço é uma comparação mental, subjetiva, entre o custo para se obter o produto e o valor que o produto gera.

Custo x Valor

Compreender o preço de um produto ou serviço é um desafio constante para empresas e consumidores. Entender os elementos que compõem o custo e o valor é fundamental para determinar um preço justo e atrativo para os consumidores. Nesta resposta, vamos nos aprofundar na definição de preço, na composição dos elementos do custo e do valor, bem como em exemplos práticos de produtos, tanto commodities quanto não commodities. O objetivo é que você compreenda melhor a importância de uma análise criteriosa do custo e do valor na definição do preço de um produto ou serviço.

O preço é um elemento crucial em qualquer transação comercial. Para entender melhor essa definição de preço, podemos dividir em três partes. A primeira parte é a visão subjetiva do cliente, que é a percepção que ele tem sobre o produto ou serviço. Essa percepção é derivada de sua comparação, que pode ser tanto consciente quanto inconsciente, entre o custo e o valor do produto.

A segunda parte dessa definição é o custo do produto, que é composto por quatro elementos:

- O primeiro é o custo de tempo, que se refere ao tempo que o cliente leva para obter o produto. Um exemplo é o tempo que a empresa leva para entregar um produto para o cliente. Quem nunca deixou de comprar o produto mais barato, mas que demoraria demais para ser entregue?

- O segundo elemento é o custo de energia, que se refere à quantidade de energia que o cliente dispende para obter o produto. Um exemplo é a energia gasta para ir até um fornecedor buscar um produto que outro fornecedor entrega para você em casa.

- O terceiro elemento é o custo psíquico, que se refere ao custo emocional para o cliente em adquirir aquele produto. Um exemplo pode ser o medo que um cliente pode ter em trocar um fornecedor de quem ele compra há 20 anos, por um fornecedor novo.

- E, finalmente, o quarto elemento é o custo monetário, que é o valor pecuniário dispensado na compra do produto.

A terceira parte da definição de preço é o valor do produto, que também é composto por quatro elementos:

- O primeiro é o valor do produto em si, que se refere ao quanto o produto tem valor devido ao material utilizado em sua construção. Por exemplo, um relógio de ouro tem mais valor do que um relógio de plástico.

- O segundo elemento é o valor dos serviços, que se refere ao valor do serviço que o produto oferece. Um exemplo é uma caneta que escreve e apaga, que tem mais valor do que uma caneta que só escreve.

- O terceiro elemento é o valor das pessoas, que se refere ao valor de todas as pessoas envolvidas na entrega daquele produto, incluindo a qualidade do atendimento.

- E o quarto elemento é o valor da imagem, que se refere ao valor associado à beleza e estética do produto.

Um exemplo de commodity pode ser a água mineral. O custo monetário é baixo, mas o valor do produto é alto porque a água é um recurso escasso e essencial para a vida humana, principalmente se você está comprando essa água no meio de uma multidão em um show de rock. O valor dos serviços é médio, já que a água mineral oferece o serviço de hidratação, mas não oferece nenhum serviço adicional. O valor das pessoas é baixo, já que o atendimento para comprar uma garrafa de água mineral é simples e direto. E o valor da imagem é baixo, já que a estética de uma garrafa de água mineral normalmente é simples e sem grandes diferenciais.

Já um exemplo de produto não commodity pode ser um carro de luxo. O custo monetário é alto, mas o valor do produto também é alto devido à qualidade dos materiais utilizados, tecnologia, design e conforto. O valor dos serviços é alto, já que o carro de luxo oferece uma série de serviços adicionais, como ar-condicionado, sistema de som de alta qualidade, GPS, entre outros. O valor das pessoas é alto, já que o atendimento ao cliente é personalizado e o cliente se sente valorizado. E o valor da imagem é alto, já que a estética e a marca do carro são associadas a status e luxo.

Logo, a definição de preço como um número que tenta capturar a visão subjetiva do cliente, derivada da comparação entre custo e valor do produto, permite entender a complexidade do processo de precificação e as diferentes variáveis que influenciam a percepção de valor do cliente. Além disso, a compreensão dos diferentes elementos que compõem o custo e o valor do produto ajuda o vendedor a identificar oportunidades de agregar valor sem necessariamente ter que reduzir o preço. É importante lembrar que, mesmo em produtos commodities, é possível oferecer valor e, consequentemente, cobrar um preço justo pelo que é entregue. Por fim, é fundamental que toda a empresa esteja comprometida em otimizar seus custos, para que seja possível oferecer valor sem tornar o preço inviável.

Essa definição de preço é amplamente discutida na literatura de marketing e comportamento do consumidor. Ela é baseada na ideia de que os clientes avaliam os custos e valores dos produtos de forma subjetiva, levando em consideração fatores conscientes e inconscientes. Essa visão subjetiva do cliente é capturada pelo preço, que é um número que tenta representar o valor percebido pelo cliente em relação ao produto.

Os quatro elementos que compõem o custo do produto - tempo, energia, custo psíquico e monetário - são importantes para entender como os clientes avaliam o preço de um produto. Por exemplo, um produto de baixo custo monetário pode ter um alto custo de energia se exigir muito esforço para ser obtido, como fazer fila por horas para comprar ingressos para um show. Da mesma forma, um produto que causa medo ou ansiedade em seu processo de aquisição pode ter um alto custo psíquico para o cliente.

Já os quatro elementos que compõem o valor do produto - valor do produto em si, valor dos serviços, valor das pessoas e valor da imagem - ajudam a entender por que os clientes estão dispostos a pagar mais por determinados produtos. Um exemplo de commodity é o arroz, que tem um valor do produto em si bastante similar entre diferentes marcas e tipos, mas pode ter variações no valor dos serviços (como um pacote que já vem lavado), no valor das pessoas (um atendimento de qualidade no momento da compra) e no valor da imagem (uma marca associada a qualidade).

Essa definição de preço e os elementos que a compõem nos ajudam a entender como os clientes avaliam os produtos e por que estão dispostos a pagar mais por uns do que por outros. Já vimos esses fatores acima, mas vamos detalhar cada um deles um pouco mais.

Começando com os elementos do custo, além do custo monetário, que é o valor pecuniário dispensado na compra do produto, temos o custo de tempo. Esse elemento se refere ao tempo que o cliente leva para obter o produto, incluindo o tempo gasto em deslocamento para comprá-lo ou o tempo de espera para recebê-lo. Um exemplo de produto que tem um alto custo de tempo é um imóvel. O cliente pode levar meses ou até anos para encontrar um imóvel que atenda às suas necessidades e orçamento.

Outro elemento do custo é o custo de energia, que se refere à quantidade de energia própria que o cliente dispende para obter o produto. Esse elemento pode ser difícil de mensurar, pois não se trata apenas do esforço físico, mas também do esforço mental ou emocional envolvido na compra. Por exemplo, um cliente que precisa adquirir um medicamento para uma doença crônica pode enfrentar um alto custo de energia para encontrar um fornecedor confiável e obter a medicação necessária.

Por fim, temos o custo psíquico, que se refere ao custo emocional para o cliente em adquirir aquele produto. Isso pode incluir sentimentos de ansiedade, medo, insegurança ou até mesmo culpa. Um exemplo de produto que pode gerar um alto custo psíquico é um produto de beleza que promete resultados rápidos e dramáticos. O cliente pode se sentir pressionado a atender aos padrões de beleza impostos pela sociedade e pode se sentir inseguro ou envergonhado se não alcançar esses padrões.

Passando para os elementos do valor, temos o valor do produto em si, que se refere ao quanto o produto tem valor devido ao material utilizado em sua construção, por exemplo. Um produto que tem um alto valor do produto em si é um diamante. O diamante é um material raro e precioso, o que contribui para o seu alto valor intrínseco.

Já o valor dos serviços se refere ao valor do serviço que o produto oferece. Por exemplo, uma bicicleta pode oferecer o serviço de locomoção, enquanto uma bicicleta elétrica pode oferecer esse serviço com mais rapidez e facilidade. Nesse caso, a bicicleta elétrica tem um valor dos serviços mais alto do que a bicicleta comum.

O valor das pessoas se refere ao valor de todas as pessoas envolvidas na entrega daquele produto. Isso inclui desde a qualidade do atendimento até a competência dos profissionais envolvidos na fabricação do produto. Um exemplo de produto que tem um alto valor das pessoas é um restaurante de alta gastronomia. A qualidade da comida é apenas uma parte da experiência do cliente, e a habilidade e simpatia dos garçons, sommeliers e chefs podem ter um impacto significativo no valor percebido pelo cliente.

Por fim, temos o valor da imagem, que se refere ao valor associado à beleza e estética do produto. Isso pode incluir a marca, o design, a embalagem e outros fatores visuais que contribuem para a percepção do valor do produto. Um exemplo de produto que tem um alto valor da imagem é um carro de luxo. A estética do veículo, a marca renomada e o design inovador são elementos que transcendem a mera funcionalidade. Para muitos consumidores, a imagem associada a possuir um carro de luxo vai além do meio de transporte, refletindo status, prestígio e um estilo de vida exclusivo.

Ao compreender essa dinâmica complexa entre custo e valor, o vendedor está apto a aprimorar a oferta, destacar os diferenciais e posicionar o produto de maneira estratégica no mercado. A maestria em equilibrar esses elementos é o caminho para conquistar a confiança do cliente, superar objeções e consolidar vendas bem-sucedidas. O verdadeiro valor de um produto vai além do preço, permeando cada aspecto que compõe a experiência do cliente.

Como reduzir preço sem mexer no preço?

Com base na definição de preço e seus elementos de custo e valor, é possível que um vendedor de commodities reduza o preço percebido do produto sem mexer no preço em si. Para isso, é necessário que o vendedor foque em reduzir os fatores de custo e/ou aumentar os fatores de valor.

Começando pelos fatores de custo, o vendedor de commodities pode reduzir o custo de energia através de algumas medidas, como uma entrega otimizada que deixe o produto pronto para ser utilizado pelo cliente, por exemplo, ou até mesmo a efetiva aplicação do produto para o cliente.

O custo de tempo pode ser reduzido pelo vendedor de commodities através da melhoria da eficiência da logística e entrega do produto, evitando atrasos e minimizando o tempo de espera do cliente. Além disso, a disponibilidade do produto em pronta-entrega pode ser uma estratégia para reduzir o custo de tempo, evitando que o cliente tenha que esperar pelo produto.

O custo psíquico é mais difícil de ser abordado, mas o vendedor pode adotar estratégias para minimizar o impacto emocional do cliente na compra do produto, como oferecer garantias estendidas, dar suporte técnico ao cliente e oferecer um atendimento personalizado e de qualidade, criando um vínculo de confiança entre o cliente e a empresa.

Por outro lado, para aumentar o valor do produto, o vendedor de commodities pode investir em melhorias nos materiais utilizados na produção, agregando valor ao produto final. Outra estratégia é a oferta de serviços adicionais, como suporte técnico, garantias estendidas, treinamentos e consultorias, que agregam valor ao produto e aumentam a satisfação do cliente.

O valor das pessoas pode ser aumentado através de um atendimento personalizado e eficiente, com profissionais capacitados e bem treinados para atender as necessidades do cliente. A empresa pode ainda investir em um relacionamento próximo com o cliente, criando uma cultura de fidelidade e confiança.

Por fim, o valor da imagem pode ser aumentado através de uma identidade visual forte, que transmita a mensagem da empresa e agregue valor à marca. Além disso, a empresa pode investir em marketing e publicidade, divulgando seus produtos e serviços de forma atraente e eficiente, gerando uma percepção positiva no mercado.

Em resumo, é possível reduzir o preço percebido do produto sem mexer no preço em si, através da redução dos fatores de custo e/ou aumento dos fatores de valor. Cabe ao vendedor de commodities identificar as melhores estratégias para alcançar esses objetivos e garantir a satisfação do cliente e a rentabilidade do negócio.

Compre bem para vender bem

Comprar bem é um dos fatores mais importantes para garantir um preço competitivo no mercado. Afinal, quanto menos você paga pelo produto, maior é a margem de lucro que pode obter. Mas não é apenas uma questão de pagar menos, mas sim de obter o melhor produto pelo menor preço possível.

Para exemplificar, suponha um vendedor de commodities que venda milho. Se ele conseguir encontrar um fornecedor mais próximo da sua região de atuação, ele pode reduzir o custo de transporte do produto e, assim, reduzir o Custo de Energia. Além disso, se ele escolher um fornecedor que tenha uma maior disponibilidade do produto, ele pode reduzir o Custo de Tempo, já que não precisará esperar tanto tempo para receber a mercadoria. E se ele optar por um fornecedor que ofereça um atendimento melhor, pode reduzir o Custo Psíquico, já que terá menos problemas e preocupações.

Por outro lado, o vendedor pode também aumentar o valor dos produtos que vende. Para isso, pode buscar fornecedores que utilizam materiais de melhor qualidade, melhorar os serviços de atendimento ao cliente, investir em treinamentos para a equipe para que possa oferecer um atendimento personalizado e, por fim, aprimorar a imagem da empresa, investindo em marketing e em uma comunicação visual mais profissional.

Porém, nem sempre é possível que o vendedor tenha a autonomia para escolher o fornecedor. Nesses casos, ele pode buscar dialogar com a equipe responsável pelas compras, apresentando os motivos que justifiquem a escolha de um fornecedor mais vantajoso para a empresa.

E para vendedores de commodities que trabalham em empresas que vendem e compram dos mesmos produtores, é ainda mais importante prestar atenção na qualidade do produto comprado, pois isso pode garantir um espaço de negociação mais favorável quando for a hora de vender para o mesmo produtor. É importante buscar entender as necessidades do produtor e oferecer um produto de qualidade superior, garantindo assim um preço melhor e uma relação mais duradoura com o cliente.

A compra bem-feita é essencial para garantir uma boa margem de lucro e para aumentar a competitividade da empresa no mercado. Buscar fornecedores mais vantajosos e investir na qualidade do produto, dos serviços, das pessoas e da imagem pode fazer toda a diferença no resultado final.

Aprenda técnicas de negociação e fechamento

Para um vendedor, aprender técnicas de negociação e fechamento é fundamental para obter sucesso nas vendas. Muitas vezes, não se trata apenas de vender um produto pelo menor preço, mas sim de criar um relacionamento com o cliente e entender suas necessidades para oferecer soluções que possam agregar valor ao negócio. Existem diversas técnicas que podem ser utilizadas nesse processo, e nem todas focam no preço do produto.

Algumas técnicas de negociação que não focam no preço incluem:

1. Escutar ativamente: é importante ouvir o cliente e entender suas necessidades para oferecer soluções adequadas.

2. Buscar soluções conjuntas: em vez de focar na negociação de preço, é possível buscar soluções que atendam tanto ao vendedor quanto ao cliente.

3. Oferecer benefícios adicionais: oferecer serviços extras, como treinamentos ou suporte técnico, pode agregar valor à venda.

4. Demonstrar o valor do produto: em vez de falar apenas sobre as características do produto, é importante demonstrar como ele pode ajudar o cliente a resolver seus problemas.

Algumas técnicas de fechamento que não focam no preço incluem:

1. Teste de fechamento: o vendedor faz perguntas ao cliente para avaliar se ele está pronto para fechar a venda.

2. Fechamento assumido: o vendedor age como se a venda já tivesse sido fechada, perguntando sobre a entrega do produto ou formas de pagamento.

3. Alternativa de escolha: oferecer ao cliente duas ou mais opções de compra, para que ele escolha a que mais se adequa às suas necessidades.

4. Garantia: oferecer uma garantia estendida ou um período de teste pode ajudar o cliente a se sentir mais confiante na compra.

Para aprofundar o conhecimento em técnicas de negociação e fechamento, é possível buscar cursos e treinamentos especializados (eu mesmo venho treinando vendedores em técnicas de negociação de alta conversão há anos), além de ler livros sobre o assunto.

Alguns livros reconhecidos sobre técnicas de negociação incluem:

1. "Como Chegar ao Sim" de Roger Fisher e William Ury.
2. "Negocie Como se sua Vida Dependesse Disso" de Chris Voss.
3. "A Arte da Negociação" de Michael Wheeler.
4. "A Negociação" de Gavin Kennedy.
5. "O Poder da Negociação" de Robert Mnookin.

Já alguns livros reconhecidos sobre técnicas de fechamento são:

1. "As 27 Técnicas de Persuasão" de Robert Cialdini.
2. "Fechamento - As Chaves do Sucesso" de Stephan Schiffman.
3. "A Bíblia das Vendas" de Jeffrey Gitomer.

4."Como Vender Qualquer Coisa Para Qualquer Um" de Joe Girard.
5."Fechando Vendas" de Zig Ziglar.

Em último caso você terá que negociar o preço.

Agora que você está chegando ao final deste livro, tudo bem, você pode negociar o preço. Negociar o preço é uma prática comum em vendas, e muitas vezes pode ser necessário para fechar um negócio. No entanto, é importante destacar que a negociação de preço deve ser a última opção, após o vendedor ter esgotado todas as possibilidades de aumentar o valor percebido pelo cliente e reduzir os custos.

Ao negociar o preço, o vendedor deve estar ciente de que pode haver consequências para a imagem da empresa e para o relacionamento com o cliente. É importante lembrar que o objetivo da negociação não é simplesmente baixar o preço, mas sim chegar a um acordo que seja justo para ambas as partes.

Antes de iniciar a negociação, é importante que o vendedor esteja preparado, tendo em mente seus objetivos e limites. Ele deve conhecer bem o produto ou serviço que está oferecendo, saber quais são as necessidades e interesses do cliente e estar preparado para responder a possíveis objeções.

Algumas técnicas de negociação que podem ser úteis incluem a busca por interesses em comum, o uso da empatia para compreender as necessidades do cliente, a apresentação de alternativas e a busca por soluções criativas.

Já as técnicas de fechamento devem ser utilizadas quando o vendedor percebe que o cliente está próximo de tomar uma decisão, mas ainda não deu o "sim" final. Algumas técnicas de fechamento incluem a oferta de bônus ou descontos adicionais, a criação de senso de urgência e a apresentação de evidências de outros clientes satisfeitos.

Exercitando

Hora de refletir e colocar em prática o que você aprendeu até aqui.
Anote abaixo (ou em um papel a parte):

1.O que você entendeu do conteúdo até aqui?
2.Como você usará o que leu até aqui, na prática, em seu processo de venda?

Capítulo 12

CONCLUSÃO

Ao longo deste livro, mergulhamos nas complexidades da venda de commodities, explorando as estratégias cruciais para destacar-se em um cenário onde os produtos muitas vezes se assemelham em características fundamentais. Acentuamos a importância vital de um diferencial significativo para o vendedor, que ultrapassa a mera transação comercial. A conexão profunda com o cliente, a compreensão minuciosa de suas necessidades e a habilidade de ir além das características do produto emergiram como fatores-chave na busca pelo sucesso nas vendas de commodities.

Espero que você tenha notado que, no coração desta obra, ressoa a mensagem de que a experiência do cliente molda a percepção não apenas do produto, mas do próprio vendedor. Desde a identificação das demandas até o pós-venda, cada interação contribui para esculpir a reputação do vendedor e influenciar a decisão do cliente. A marca, por sua vez, surge como uma ferramenta valiosa para se destacar no mercado, reforçando a importância de compreender tanto o posicionamento real quanto o desejado da marca.

A expansão de canais de venda figura como uma estratégia vital, ancorada na premissa de estar presente onde e quando o cliente precisa. Discutimos também a necessidade imperativa de envolver toda a empresa no processo de venda, entendendo que cada departamento contribui para a criação de valor para o cliente. O lembrete constante é claro: se não estiver gerando valor diretamente, todos devem, de alguma forma, contribuir para quem está, ou, em última análise, estarão sobrando.

Ao analisar o preço desvendamos a complexidade dessa variável, reafirmando que, embora relevante, deve ser o último fator de consideração. Aqui, desmistificamos a noção de que o preço é o principal diferencial, argumentando que outros elementos têm um impacto muito mais profundo na percepção do cliente.

Este livro não oferece uma fórmula mágica para vender commodities, mas, sim, uma abordagem holística que requer compreensão, comprometimento e aplicação prática. Cada página é um convite para o vendedor absorver não apenas conhecimento, mas sabedoria aplicável. Quero deixar claro, aqui no final, que vender ou não vender depende mais do vendedor do que de qualquer outra variável. Qualquer variável! Logo, se você chegou até aqui e não preencheu as páginas de exercícios ao final de cada capítulo e não aplicou os conceitos na prática, talvez você deva voltar e começar novamente o livro.

Concluo com a exortação de que, ao integrar esses princípios no cotidiano, o vendedor estará mais bem preparado para enfrentar os desafios do mercado de commodities, diferenciando-se de maneira memorável e deixando uma marca duradoura no cliente e no setor.

E se, depois de encerrar a leitura desse livro, você acreditar que vale a pena investir em você, adquirir maiores conhecimento em vendas e negociação, entender como seus talentos naturais podem ser utilizados para aumentar seus resultados reduzindo o sofrimento para vender, entre em contato comigo e inicie um processo de coaching de pontos fortes aplicados à vendas, considere levar um de meus treinamentos para o time comercial de sua empresa ou mesmo uma palestra sobre assuntos relacionados à vendas para a convenção de vendas do seu time.

CONTATO PARA TREINAMENTOS, PALESTRAS E COACHING

www.pontosfortes.com.br
rodrigo@pontosfortes.com.br

CLUBE DE LEITORES E SESSÃO DE COACHING GRÁTIS

Ao adquirir este livro, você ganha acesso à **Comunidade Exclusiva de Leitores** no Whatsapp.

Esta comunidade tem como objetivo ser um canal de comunicação **exclusivo** entre o Autor, Rodrigo Ferreira, e você.

Além disso, na mesma comunidade você poderá interagir com outros leitores interessados no mesmo assunto que você e, com isso, tirar suas dúvidas, compartilhar experiências, exercícios e muito mais.

Para acessar a Comunidade de Leitores, basta que você acesse o link:

www.pontosfortes.com.br/commodities-grupo-leitores

Ao acessar o link acima, você será redirecionado para a comunidade de leitores no Whatsapp.

Caso tenha algum problema, sinta-se a vontade para entrar em contato pelo email rodrigo@pontosfortes.com.br e solicitar ajuda.

* * *

Você também ganhou, ao comprar esse livro, **UMA SESSÃO DE COACHING DE 30 MINUTOS TOTALMENTE GRÁTIS** com o autor, Rodrigo Ferreira, para tirar suas dúvidas sobre venda de commodities ou sobre o livro.

Para isso, basta você escanear o QRCode a seguir com a câmera do seu smartphone:

Sessão de Coaching Grátis

Alternativamente você também pode acessar o endereço www.pontosfortes.com.br/commodities-sessao-gratis

Você será redirecionado para um site onde poderá escolher o dia e hora que melhor se adequem à você para realizar sua sessão de coaching grátis.

Caso tenha alguma dificuldade aqui, você também pode enviar um email para o endereço rodrigo@pontosfortes.com.br e solicitar ajuda.

Mais uma vez, muito obrigado por sua compra e será um prazer te conhecer.

Rodrigo Ferreira